Andrea Feddersen

Fernstudium multimedial und mobil

Implementationskonzept für den Einsatz von Tablet-Computern im Fernstudium am Beispiel des iPads

University of Applied Sciences
APOLLON
University Press

APOLLON Schriftenreihe zur Bildungsforschung

Band 1

MIX
Papier aus verantwortungsvollen Quellen
Paper from responsible sources
FSC® C105338
FSC
www.fsc.org

Andrea Feddersen

Fernstudium multimedial und mobil

Implementationskonzept für den Einsatz von Tablet-Computern im Fernstudium am Beispiel des iPads

APOLLON SCHRIFTENREIHE ZUR BILDUNGSFORSCHUNG

University of Applied Sciences
APOLLON
University Press

Über die Autorin

Andrea Feddersen (geb. 1967) arbeitete nach ihrem Studium der Sozialpädagogik 1994 zunächst für sechs Jahre in der öffentlichen Jugendarbeit. Um sich weiter zu spezialisieren, studierte sie im Anschluss Multimedia Production an der Fachhochschule Kiel. Ab 2003 beschäftigte sie sich beruflich mit dem Themengebiet Medien und Bildung. Nach der Mitarbeit an E-Learning-Projekten im Fernunterricht gehörte sie ab 2005 zum Gründungsteam der APOLLON Hochschule der Gesundheitswirtschaft. In der Fernhochschule ist sie bis heute für den Bereich der Studienorganisation verantwortlich, der auch das e-mediale Lernen im Fernstudium umfasst. Im Jahr 2011 schloss sie den Masterstudiengang Educational Media der Universität Duisburg-Essen ab und befasst sich beruflich auch im Verband Forum DistancE-Learning mit Projekten zur Integration medialer Elemente in das Fernstudium. Die vorliegende Arbeit entstand als Masterthesis an der Universität Duisburg-Essen.

Die APOLLON Schriftenreihe zur Bildungsforschung wird herausgegeben vom Präsidium der APOLLON Hochschule der Gesundheitswirtschaft

1. Auflage 2012

Bibliografische Information der Deutschen Nationalbibliothek
Die Deutschen Nationalbibliothek verzeichnet diese Publikation in der Deutschen Nationalbibliografie. Detaillierte bibliografische Daten sind abrufbar unter: http://dnb.d-nb.de

Projektmanagement und Lektorat: Corinna Dreyer, Bremen
Korrektorat: Imke Zimmermann, Bremen
Umschlaggestaltung und Layout: Ilka Lange, Hückelhoven
Satz: abavo GmbH, Buchloe
Druck und Bindung: Books on Demand GmbH, Norderstedt
Printed in Germany
ISBN: 978-3-943001-04-4

http://www.apollon-hochschulverlag.de/

Inhaltsverzeichnis

Vorwort

Begriffe wie Multimedia, virtuelles Lernen, Blended Learning und mobiles Lernen werden derzeit häufig genannt, um den Wandel im Bildungsbereich zu beschreiben. Mobile Multimedia-Geräte vereinen dabei Optionen, die in Schule, Aus- und Weiterbildung ihren Einsatz im Bildungssektor finden werden – die Frage ist nur: in welcher Form?

Das iPad, welches seit Januar 2010 auf dem Markt ist und seitdem für viele seiner Nutzer kaum mehr wegzudenken, bietet als Arbeitsinstrument interessante neue Möglichkeiten. Gleiches gilt für seinen Einsatz als Lehr- und Lernmedium. Doch nicht nur das iPad, sondern auch viele andere Medien wurden mit ihrer Entstehung auch auf ihre Tauglichkeit für die Lehre getestet, angefangen bei Orbis pictus von Comenius als erstes Bildwörterbuch und Anschauungsmedium zur Strukturierung des Lernprozesses durch die Verknüpfung von Text und Bild. Schallplatten wurden genutzt, um den auditiven Kanal anzusprechen, und kamen nicht nur zur Musikwiedergabe, sondern auch als Instruktionsmedium zum Einsatz; im Sprachunterricht der Suggestopädie sogar mit Musik kombiniert.

Mit der Verbreitung von Fernsehern gab und gibt es die Möglichkeit, Bild und Ton zu übertragen und beispielsweise im Rahmen von Telekollegs Lektionen in Deutsch, Mathematik, Sprachen und Naturwissenschaften in die Wohnzimmer der Lerner zu senden. Besondere mediendidaktische Formate waren in diesem Kontext zunächst präsentierte Exempel und Grundsätze, die durch Begleitaufgaben tiefer verarbeitet werden konnten. Heute stellt interaktives Begleitmaterial eine Erweiterung des Formats dar.

Der Computer fand seinen Einsatz zunächst zentral als Großrechner in Laboren, später dann verbreiteten sich Personal Computer in privaten Haushalten. Insbesondere die Möglichkeiten der PCs, ein gewisses Maß an Interaktion und Feedback zu gewähren, schienen der Lehre dienlich zu sein.

Mit der Vernetzung von Computern entwickelte sich Web Based Training als neues Format, welches den Vorteil bietet, Interaktion und somit Gruppendynamik zuzulassen. Und sobald der Computer Taschenformat erlangte, war mobiles Lernen die klare Konsequenz.

Die Eigenart des Smartphones wiederum, ein kleines Display und die im mobilen Umgang häufig herabgesetzte Datenrate, verlangten nach einem eigenen Format für Lektionen. Learning Nuggets, kleinste Einheiten, meist zur Wiederholung von Gelerntem, erweisen sich hier als besonders erfolgreich.

Der Tablet-PC, exemplarisch das iPad, weist wiederum abweichende spezifische Merkmale auf, die für seine mediendidaktische Tauglichkeit genau evaluiert werden müssen. Möglichkeiten der Multimedialität, Interaktivität, Vernetzung und gestenbasierten Bedienung implizieren bestimmte Lernerfahrungen und Übungsformen. Nicht zu vergessen ist dabei die Portabilität der Tablet-PCs, die gleichzeitig Zugriff auf geordnete Information im großen Umfang gewähren – dazu noch mit erheblichem Unterhaltungsfaktor. So kommt es, dass viele Nutzer behaupten, das Gerät dringend zu benötigen, obwohl es bis vor zwei Jahren noch gar nicht existierte ... (so z. B. gehört auf dem eHealth-Kongress 2011 in Berlin).

Eine Nutzungsstatistik der Internet World von 2012 besagt (vgl. Internet World, 05/2012, S. 19), dass Tablet-PCs bevorzugt in bestimmten Alltagsszenarien verwendet werden, nämlich vorrangig auf der Couch, zum Verarbeiten von E-Mails oder zum Spielen. Die Prognose, dass das Gerät ohne Weiteres erfolgreich Einzug in die Lehre halten wird, sollte daher vielleicht kritisch betrachtet werden.

Ein Erfolgsschlüssel können gesicherte Qualitätsstandards sein. Diese aber für den jeweiligen Nutzungskontext gezielt aufzustellen, erfordert genaues Hinsehen. Bezogen auf die Situation des Fernstudiums stellt sich die Frage: Was brauchen und was erhoffen sich Lerner im Fernunterricht?

Wie die Forderungen der Lernenden mit den besonderen Eigenschaften, den Vorzügen und ggf. auch Grenzen des Tablet-PCs verquickt werden können, ist dringend zu klären. Glücklicherweise gibt diese Arbeit gute Antworten darauf.

Viel Freude beim Erkunden!

Kiel, im März 2012
Dr. Franziska Uhing
Professorin am FB Medien der Fachhochschule Kiel

Einleitung

Das iPad der Firma Apple stellte 2010 in der Entwicklung von E-Book-Readern eine Innovation dar: Das Kommunikationsgerät aus der Klasse der Tablet-Computer[1] kann nicht nur Bücher in elektronischer Form speichern und gut lesbar wiedergeben, sondern verfügt über weitere mediale und interaktive Eigenschaften, die es zu einer neuartigen Kombination aus Notebook und E-Book-Reader machen. Multimedialität, Mobilität, Einfachheit der Bedienung, Internetfähigkeit und weitere für ein Studium interessante Funktionalitäten (z. B. in Form von Apps[2]) ergänzen beim iPad die Vorteile herkömmlicher E-Book-Reader, die als dezidierte Lesegeräte entwickelt wurden. Der Tablet-Computer ist gleichzeitig wesentlich kleiner und leichter als ein Notebook und bietet damit gute Voraussetzungen für einen mobilen Einsatz. Das iPad wird in dieser Arbeit als Stellvertreter einer Generation moderner Tablet-Computer verstanden.

Zeitgleich mit E-Book-Readern entwickelten sich Formate digitalisierter Publikationen, die sich multimedial anreichern lassen und spezifische lernunterstützende Funktionen beinhalten können. Diese sogenannten E-Books bieten gute Lesbarkeit kombiniert mit individuellen Bearbeitungsmöglichkeiten sowie eine hohe Anschaulichkeit. Sie erlauben die Kombination von Text- und Internetressourcen und lassen sich somit auch für anspruchsvolle Bildungskonzepte nutzen.

Die Erfindung des iPads in Verbindung mit E-Books bedeutet für den Bildungsbereich eine Erweiterung des didaktischen Spielraums. Mit den E-Book-Formaten kann auf dem iPad angebotenes Lernmaterial nachhaltig und multimedial aufbereitet werden. Darüber hinaus ist das iPad durch seine technischen Parameter, insbesondere seine Portabilität, für einen mobilen Einsatz sehr gut geeignet und wird vor allem für klassische Fernstudienszenarien attraktiv, bei denen mobiles oder auch allgegenwärtiges Lernen im Mittelpunkt steht. Durch den Einsatz von iPads kann das in Fernstudienange-

---

1 Unter einem Tablet-Computer wird ein Rechner verstanden, „der sich von herkömmlichen Computern vor allem dadurch unterscheidet, dass der Bildschirm gleichzeitig Ein- und Ausgabegerät ist. Die Bedienung erfolgt entweder durch Berührung mit den Fingern oder durch die Verwendung spezieller Stifte" (Sjurts, 2011, S. 587).

2 Der Begriff App steht für Applikation und beschreibt eine Anwendungssoftware, die einen begrenzten Funktionsbereich umfasst (z. B. die Bearbeitung von Fotos).

boten eingesetzte printmediale Studienmaterial im E-Book-Format angeboten und medial ergänzt sowie konzeptionell neu eingebettet werden. Infolgedessen stößt das neu entwickelte, einfach zu bedienende Gerät nicht nur im Bildungssektor im Allgemeinen, sondern insbesondere im Kontext des Fernlernens auf Interesse. Für diesen Bereich bedeuteten Fortschritte der Kommunikationsmedien schon häufiger eine Chance für eine konzeptionelle Weiterentwicklung (vgl. Lehmann, Dieckmann, 2011, S. 34).

Vor diesem Hintergrund befasst sich diese Arbeit mit folgender Forschungsfrage:

> Welche didaktischen und organisatorischen Rahmenbedingungen müssen gegeben sein, um eine sinnvolle Einbindung des iPads in ein Fernstudienangebot zu erreichen?

Gerade für Fernstudienanbieter, die erwägen, spezifische Bildungsmaßnahmen unter Einbeziehung des iPads zu konzipieren, ist die Frage nach dem Potenzial einer solchen Implementation interessant und soll am Beispiel des Fernunterrichtsangebots der APOLLON Hochschule der Gesundheitswirtschaft in Bremen erörtert werden. Unter Einbeziehung einer Befragung von Fernstudierenden werden außerdem Empfehlungen für die konzeptionelle, didaktische und organisatorische Integration von Tablet-Computern am Beispiel des iPads in das Fernstudienangebot entwickelt und es wird geklärt, welche Erwartungen die Fernstudierenden an eine solche Einbindung haben.

Ausgangspunkt der Forschungsfrage sind folgende Hypothesen:

> Hypothese 1: Studierende erwarten multimediale Elemente in ihrem Fernstudium und in den Studienmaterialien.

Mithilfe der ersten Hypothese wird überprüft, inwieweit Fernstudierende eine Anreicherung ihrer Studienmaterialien durch multimediale Elemente erwarten bzw. eine generelle Integration von multimedialen Elementen in ihr Fernstudium wünschen. Dabei werden die Befragungsteilnehmer und -teilnehmerinnen zu einer möglichen medialen Ergänzung des bislang in erster Linie in Printform vorliegenden Studienmaterials, aber auch zu Kommunikationsaspekten befragt. Angenommen wird hier, dass die Fernstudierenden die im Alltag erlebte Vielfalt und schnelle Entwicklung der medialen Möglichkeiten[3] auch in einem Fernstudienangebot nutzen möchten.

> Hypothese 2.1: Die Integration eines iPads in das Konzept eines Fernstudienangebots steigert die Attraktivität des Angebots aus Sicht der Studierenden.

Die Befragung soll außerdem überprüfen, ob die Studierenden eine Integration des iPads als Bereicherung für ihr Fernstudium empfinden würden. Das spezifische Potenzial des Tablet-Computers, das dieser Hypothese zugrunde gelegt wird, liegt in der Kombination seiner Geräteeigenschaften, die auf Multimedialität und Mobilität ausgelegt sind.[4] Das zudem sehr positive Image des iPads in den Medien trägt ggf. an sich schon zur Attraktivität bei.[5] Die Ergebnisse der Befragung könnten als Indikator für die Akzeptanz eines derartigen Fernstudienangebots genutzt werden.

> Hypothese 2.2: Studierende sind bereit, für ein Fernstudienangebot mit einem iPad einen höheren Preis zu bezahlen.

Diese Hypothese will die Akzeptanz eines derartigen Studienangebots mithilfe eines wichtigen Indikators konkretisieren: Die monetäre Bewertung des Angebots durch die Studierenden könnte sich als aussagekräftig für die Einschätzung des Nutzens erweisen, den sie dieser Neuerung beimessen. Nach Untersuchungen der Stiftung Warentest finanzieren 88 % der Fernlernenden ihre Weiterbildung selbst (vgl. Stiftung Warentest, 2011, S. 1). Die hinter der Hypothese stehende Überlegung ist, dass eine zusätzliche finanzielle Belastung durch die Integration eines iPads ein Entscheidungskriterium zuungunsten eines Fernunterrichtsanbieters darstellen könnte.

> Hypothese 3: Studierende erwarten in einem Fernstudium mit integriertem iPad eine Schulung in Bezug auf die Nutzung.

---

3 Im Rahmen dieser Arbeit wird der Begriff Multimedia in seiner Mehrdeutigkeit verstanden und verwendet: Zum einen fällt darunter die multimediale Umsetzung inhaltlicher Bestandteile (z. B. animierte Grafiken), zum anderen umfasst der Begriff die in einem Bildungsangebot eingesetzten medialen Interaktionsmöglichkeiten (z. B. E-Mail) und schließlich auch die physischen Medien (z. B. Computer), die in einem Bildungskonzept genutzt werden.

4 Eine Darstellung der spezifischen Eigenschaften des iPads findet sich in Kapitel 3 dieser Arbeit.

5 Das positive Image des iPads zeigte sich z. B. dadurch, dass in den USA bereits vor seinem Erscheinen Käufer vor den Apple-Stores zelteten, um sich ein Gerät zu sichern. Das Erscheinen dieses Geräts wurde von vielen Medien begleitet (vgl. Seifert et al., 2010, S. 1).

Die dritte Hypothese soll am Beispiel einer Schulung prüfen, welche organisatorischen Bedingungen aus Sicht der Fernstudierenden einen Einstieg in ein iPad-gestütztes Fernstudium erleichtern würden. Zum Zeitpunkt der Arbeit ist das iPad seit etwas mehr als einem Jahr erhältlich. Obwohl der Tablet-Computer nach Herstellerangaben sehr einfach zu bedienen ist[6)], stellt er bei Integration in einen Fernstudiengang für viele Teilnehmerinnen und Teilnehmer eine Neuerung dar, die Schulungsbedarf nach sich ziehen könnte.

Vorgehensweise

Zu Beginn der Arbeit erfolgt eine Darstellung der Grundlagen und der Entwicklung des Fernlernens, um die besonderen Bedingungen in diesem spezifischen Bereich der Aus- und Weiterbildung zu erläutern. Dabei stehen die Auswirkungen medialer Innovationen sowie die neueste Entwicklung im Fernlernen, das Mobile Learning, im Fokus der Darstellung. Das zweite Kapitel dient der Untersuchung relevanter didaktischer Theorien für die Gestaltung medialer Fernstudienangebote. Das dritte Kapitel befasst sich mit den Erfahrungen, die mit dem iPad und verwandten Kommunikationsgeräten im Bildungsbereich bereits gemacht wurden, und untersucht das Potenzial des iPads und des E-Book-Formats für das Fernstudium. Das Nutzerinteresse steht im Mittelpunkt des vierten Kapitels. Eine quantitative Befragung unter Fernstudierenden soll den Blickwinkel der Zielgruppe im Hinblick auf die Hypothesen dieser Arbeit und andere verwandte Fragestellungen erschließen. Im anschließenden Kapitel fünf folgen die Diskussion der Befragungsergebnisse sowie Empfehlungen für die didaktische Überarbeitung des Fernstudienmaterials und für eine konzeptionelle und organisatorische Integration des iPads in das Fernstudium.

Mithilfe der Betrachtung aller Aspekte wird eine gute Grundlage für die Konzeption von iPad-gestützten Fernstudienangeboten gewonnen. Zudem wird eine Einschätzung möglich, inwiefern diese mit den Wünschen und Erwartungen der Fernstudierenden korrespondierten.

---

6 Insbesondere die einfache Multitouch-Bedienung über die Oberfläche erleichtert laut Apple die Bedienung des Geräts (vgl. Apple.com, 2011a).

1 Fernlernen ist medial – Grundlagen des Fernlernens und Stand der Forschung

Fernunterricht oder allgemeiner Fernlernen stellt eine spezifische Lernform dar, die zum Einsatz kommt, wenn Lernende und Lehrende nicht gleichzeitig am gleichen Ort sein können. Es geht dabei darum, Lerninhalte über die Distanz zu vermitteln. Dies kann unterschiedliche Gründe haben und betrifft z. B. das Regelschulsystem in Flächenstaaten wie Australien, in denen die Bevölkerungsdichte mancher Landesteile so gering ist, dass sich der Betrieb von allgemeinbildenden Schulen nicht lohnt. Hier bot und bietet das Fernlernen über verschiedene Kanäle, z. B. über Funk, Fernsehen, Radio und Internet, die Möglichkeit, Bildungsinhalte über weite Entfernungen zu vermitteln. Doch auch in der Weiterbildung spielt Fernlernen eine entscheidende Rolle: In Deutschland ist Fernunterricht ein nicht zu unterschätzender und wachsender Bildungsbereich, dessen Wachstumsraten vermutlich auf einen Weiterbildungsbedarf bei gleichzeitiger Berufstätigkeit zurückzuführen sind. Im Jahr 2009 nahmen hierzulande mehr als 350.000 Personen an einer Form des Fernunterrichts teil (vgl. Forum DistancE-Learning, 2010, S. 16).

Fernlernen ist keine statische Lernform, sondern fortwährend einem Wandel unterworfen. Schon die sich im Laufe der Zeit ändernden Begrifflichkeiten in diesem Bereich der Bildung deuten auf eine stetige Weiterentwicklung hin. Zu Beginn der Entstehung (vgl. auch Kap. 1.1) sprach man aufgrund der postalischen Vermittlung der Lerninhalte vom *Korrespondenzlernen*. Heute gibt es Konzepte wie das *Mobile Learning*, worin ebenfalls das Lernmedium zum Ausdruck kommt (Lernen mit mobilen Endgeräten, abgeleitet von Englisch für „Handy" = „mobile"). Technische Weiterentwicklungen waren und sind häufig begleitend oder auch ursächlich an diesen Veränderungen beteiligt. Nach und nach entstanden neue Kommunikationskanäle und -medien, die für den pädagogischen Diskurs genutzt werden konnten und damit die Distanz zwischen Lernenden und Lehrenden reduzierten. Heutige Anbieter im Bereich des Fernlernens können sich eine Vielfalt technischer Entwicklungen zunutze machen, um den Lernenden einen didaktisch adäquaten Medienmix anzubieten. Es stellt sich somit die Frage, ob auch das iPad mit seinen spezifischen Eigenschaften als neuestes Kommunikationsmittel Einfluss auf das Fernlernen haben wird.

Im Folgenden werden zunächst die Entwicklung und das Wesen dieses Bildungsbereichs genauer beschrieben.

1.1 Entwicklung des Fernlernens

Bei der Entwicklung des Fernlernens bestand von Beginn an die Notwendigkeit, sich medialer Mittel zu bedienen, um Distanzen zwischen Lehrenden und Lernenden zu überwinden. Die Rolle des direkt Lehrenden muss dabei mithilfe von Medien substituiert werden. Zawacki-Richter fasst diesen Zusammenhang wie folgt zusammen:

> *„Für das Fernlernen ist charakteristisch, dass Lernende und Lehrende räumlich (und zeitlich) voneinander getrennt sind. Lernprozesse werden daher durch Medien überhaupt erst ermöglicht.“ (Zawacki-Richter, 2011, S. 2)*

Ein weiteres Merkmal des Fernlernens ist hier bereits implizit enthalten: Die spezifische Situation der Lernenden, die in der Regel allein und individuell lernen. Aus dieser Lernkonstellation ergeben sich verschiedene Konsequenzen für das didaktische Design insbesondere im Hinblick auf Motivationsförderung. Dieser Zusammenhang wird in Kapitel 2.2 näher betrachtet.

Mit der Verbreitung des Buchdrucks und der einsetzenden Industrialisierung erlangten Fernunterrichtskonzepte größere Wirksamkeit, da durch technische Hilfsmittel die Distribution von Wissen ermöglicht wurde. Die Erfindung des Buchdrucks soll hier daher der zeitliche Ausgangspunkt für die Betrachtung der Entwicklung des Fernlernens sein (vgl. Zawacki-Richter, 2011, S. 3 f.). Die erste, durch die Drucktechnik verwirklichte Entwicklungsstufe des Fernlernens wird als Korrespondenz-Generation bezeichnet. Das Lernen fand dabei im Stil eines Briefwechsels statt. Die Entfernung zwischen Lehrenden und Lernenden wurde per Post mit gedruckten Lehrmaterialien überbrückt und auch die Antworten und Lösungen der Lernenden erfolgten postalisch. Durch die Erfindung des Buchdrucks konnten Bildungsinhalte mit den damit verbundenen Vervielfältigungs- und Gestaltungsmöglichkeiten weitaus müheloser und in standardisierter Qualität an große Zielgruppen verteilt werden (vgl. Zawacki-Richter, 2011, S. 3 f.).

Die nächsten signifikanten Entwicklungssprünge im Fernlernen wurden Anfang des 20. Jahrhunderts durch die Erfindung des Radios und – wenig später – des Fernsehgerätes ausgelöst. Diese Kommunikationsgeräte ermöglichten es, mit Ton- bzw. Filmaufnahmen erstmals audiovisuelle Elemente im Fernunterricht einzusetzen. Neue Aufnahmetechniken, zunächst z. B. auf Langspielplatten und später auf Audio- oder Videokassetten, konnten zusätzlich zur Veranschaulichung der Lerninhalte eingesetzt werden. Die neuen Medien bedeuteten eine Erweiterung der Lernkanäle, vor allem jedoch einen neuen Weg zur Vergrößerung der Zielgruppen (vgl. ebd., S. 4). Am Beispiel von australischen Bildungseinrichtungen lässt sich die Ausbreitung des Fernlernens gut nachvollziehen, denn aufgrund der geografischen Gegebenheiten spielt es dort im Vergleich zu anderen Ländern eine größere Rolle als das Präsenzlernen. Da in Australien eine flächenübergreifende Versorgung der Bevölkerung mit Bildung schwer zu organisieren ist, wurde bereits in den 1930er- und 40er-Jahren mit der Ausstrahlung von Radio- und später Fernsehsendungen mit schulischen Bildungsinhalten begonnen. Diese Methode erwies sich als sehr erfolgreich und im Jahr 1972 nutzten über 90 % aller Schulen in Australien diese Art von Fernunterricht (vgl. Johnson, 2003, S. 5).

Nach der Integration von Radio und Fernsehen in Fernlernarrangements gab es eine weitere Entwicklung, die massive Auswirkungen auf den Bildungsbereich hatte und immer noch hat: Ab den 1990er-Jahren wurden in Deutschland in vielen Haushalten Personal Computer (PC) angeschafft und das sich entwickelnde Internet gewann zunehmend an Bedeutung. Zawacki-Richter (2011) spricht ab hier von der Computer- und Internet-Generation. Von 1998 bis 2003 versechsfachte sich die Zahl der Internetanschlüsse in Privathaushalten von 3,1 auf 18,2 Millionen (vgl. Behrends, 2003, S. 7). Im gleichen Zeitraum stieg die Zahl der PCs. 1998 hatten 39 % der Privathaushalte einen Computer, 2003 betrug der Anteil schon 61 % (vgl. ebd., S. 20). Die ARD/ZDF Online-Studie 2011 kommt zu dem Ergebnis, dass im Frühjahr 2011 73,3 % der Deutschen das Internet zumindest gelegentlich nutzten (vgl. van Eimeren, Frees, 2011, S. 334). Damit hat sich die Zahl der Internet-Nutzer in Deutschland in den letzten zehn Jahren fast verdoppelt (vgl. ebd.).

Jede dieser technischen Entwicklungen hatte entscheidenden Einfluss auf die Fernlernkonzepte. Der PC und das Internet ermöglichten den Fernlernenden zum einen den fremd-, aber auch selbstgesteuerten Zugriff auf immer komplexer und reichhaltiger werdende Wissensquellen. Zum anderen entwickelten sich neue Kommunikations- und Interaktionsmöglichkeiten, die folglich auch Szenarien im Fernunterricht bereicherten. Lernende konnten erstmals mit ihren Tutoren oder den Mitlernenden chatten, ihnen E-Mails schreiben oder sich mit ihnen in Foren oder virtuellen Klassenzimmern treffen. Viele Fernunterrichtsanbieter entwickelten Lernplattformen im Internet, um den Lernenden ergänzend zum Printmedium die gleichen oder zusätzliche Inhalte technologiegestützt zugänglich zu machen und ihnen damit lernunterstützende Funktionen anzubieten. Dies können beispielsweise sogenannte Web Based Trainings (WBT) sein, in denen die Lernenden interaktiv und webbasiert lernen.

Insgesamt gesehen kann die Entwicklung des Fernlernens bis heute in drei Generationen eingeteilt werden, in denen – wie oben dargestellt – jeweils neue Medien eine Erweiterung der didaktischen Spielräume durch die veränderten Kommunikations- und Gestaltungsmöglichkeiten bewirkt haben.

> *„Bei der historischen Entwicklung des technikgestützten Lernens und Lehrens werden drei Generationen unterschieden: die Korrespondenz-Generation (ab ca. 1850), die Telekommunikations- oder Open-University-Generation (ab ca. 1960) und die Computer- und Internet-Generation (ab ca. 1990)." (Zawacki-Richter, 2011, S. 1)*

Allen Entwicklungsstufen ist eins gemein: Die Didaktik eines Fernlernangebots muss andere Parameter bedenken als der Präsenzunterricht. Sie hat die Aufgabe, den Lernverlauf und die Reaktionen der Lernenden auf die Lernschritte zu antizipieren und darauf zu reagieren. Der Lernverlauf im Fernunterricht ist klar definiert und mittels integrierter Medien, z. B. durch Lernschritte in Studienheften oder Online-Lerneinheiten, vorab festgelegt. Mithilfe didaktischer Konzepte müssen Fernunterrichtsanbieter überdies versuchen, möglichst alle für den Lernprozess relevanten Rahmenbedingungen zu beeinflussen (z. B. eine Vereinheitlichung des Vorwissens oder auch die Bereitstellung wichtiger Informationen abgestimmt auf den Lernweg). Das galt für die ersten Korrespondenzkurse ebenso wie für heutige E-Learning-Konzepte, in denen automatisierte Interaktionen mit dem Lernenden in den Lernverlauf integriert sind.

Trotz dieser Gemeinsamkeiten besteht ein wichtiger Aspekt der Betrachtung darin, dass sich mit jeder der drei Generationen auch die Art der Kommunikation zwischen den Lehrenden und den Lernenden veränderte. Zawacki-Richter (2011) beschreibt die Kommunikation in der Korrespondenz-Generation wie folgt:

> *„Das Fernstudium der ersten Generation war also gekennzeichnet durch eingeschränkte bidirektionale Kommunikation zwischen Lernenden und Lehrenden. Der Kontakt zu anderen Lernenden war allenfalls im Rahmen von Präsenzveranstaltungen möglich und somit extrem eingeschränkt." (Zawacki-Richter, 2011, S. 4)*

Diese Einschränkung in der beidseitigen Kommunikation verringerte sich mit jedem Generationswechsel. Mit den neu gewonnenen Interaktionsmöglichkeiten wuchs auch der didaktische Spielraum im Fernunterricht, da die Lehrenden zunehmend die Möglichkeit gewannen, über die Distanz hinweg flexibel und zeitnah auf Äußerungen der Lernenden zu reagieren.

Heute kann man beobachten, dass auch die gesellschaftliche Entwicklung die Bedeutung des Fernlernens beeinflusst. Die Innovationszyklen des Wissens werden zunehmend kürzer, sodass Wissen immer schneller veraltet bzw. gegen neues ausgetauscht wird. Dies bringt steigende Anforderungen an die individuelle Weiterbildung – bei häufig gleichzeitiger Berufstätigkeit – mit sich. Mittel zur Weiterbildung ist hier vielfach der Fernunterricht, da er sich gut auf individuelle Bedürfnisse abstimmen lässt, die im zeitlichen Spannungsfeld zwischen Beruf, Familie und Bildung entstehen. Die steigende Bedeutung dieses Bildungsbereichs spiegelt sich auch in statistischen Erhebungen wider. Laut Fernunterrichtsstatistik nahmen in Deutschland im Jahr 2009 über 350.000 Lernende an Fernhochschul- und Fernlernangeboten teil (vgl. Forum DistancE-Learning, 2010, S. 4). Von diesem Personenkreis waren ca. 27 % an Fernhochschulen immatrikuliert.

In der folgenden Abbildung lässt sich erkennen, dass in den Jahren 2003 bis 2009 die Zahl der Fernlernenden kontinuierlich anstieg.

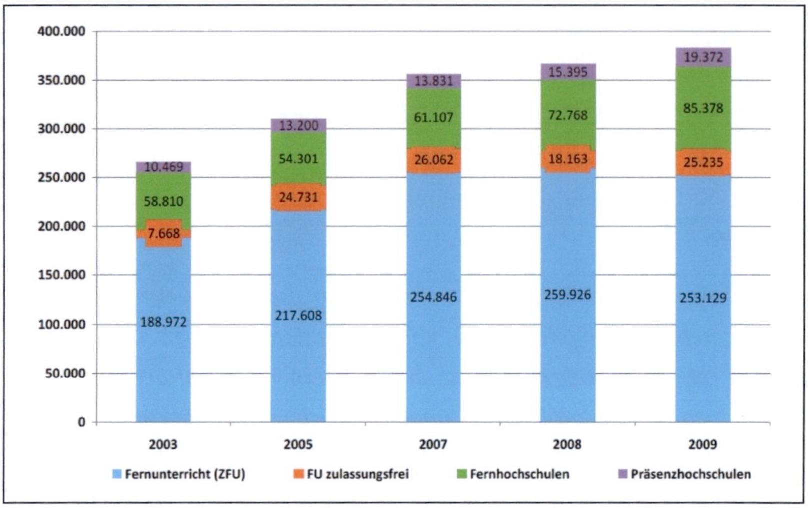

Abb. 1.1: Lernende in verschiedenen Fernunterrichtsformen im Vergleich (ZFU = Staatliche Zentralstelle für Fernunterricht; FU = Fernunterricht) (Forum DistancE-Learning, 2010, S. 16)

Zum Vergleich: Im Wintersemester 2009/2010 waren nach Angaben des Statistischen Bundesamts in Deutschland insgesamt 2.121.190 Studierende immatrikuliert (vgl. Statistisches Bundesamt, 2010, S. 13).

Zusammenfassend lässt sich sagen, dass im Vergleich zur Präsenzlehre das Fernlernen zwar eine untergeordnete Rolle spielt, dass der Bereich aber im Zuge des gesellschaftlichen Wandels der letzten Jahren stetig an Bedeutung gewinnt. Im nächsten Kapitel stehen die aktuellen Entwicklungen im Fernunterricht im Fokus.

1.2 Mobile Learning – eine neue Dimension des Fernlernens

Wie bereits ausgeführt, kann man die Entwicklungsphasen des Fernlernens vor dem Hintergrund technologischer Innovationen in drei Generationen einteilen: Die Korrespondenz-Generation (im 19. Jahrhundert), die Telekommunikations-Generation (ab ca. 1960) und die Computer- und Internet-Generation (ab ca. 1990) (vgl. Zawacki-Richter, 2011, S. 1).

Ein zweites Beschreibungsmodell der Entwicklung im Fernunterricht orientiert sich an den Lehr- und Lernmethoden, die – unterstützt von technischen Innovationen – im Fernlernen Einzug hielten. Es entstanden Begrifflichkeiten für neue Methoden, während sich parallel dazu auch die Art des Lernens weiterentwickelte:

Abb. 1.2: Mediale und begriffliche Weiterentwicklung im Fernunterricht

Diese Einteilung findet sich so oder ähnlich vielfach in der Literatur wieder. So beschreiben Faccioni-Filho, Franco-Neto und Klein im Tagungsband der Educon 2010 die Entwicklungsstadien von Distance Education folgendermaßen:

> *"The evolution of distance education can be divided roughly in three different stages: 1) the distance learning, 2) the electronic learning, and 3) the mobile learning phase." (Faccioni-Filho et al., 2010, S. 677)*

Der Begriff Fernlernen oder *Distance Learning* steht dabei für das heute noch existierende Grundkonzept dieser Bildungsform. Die Verbreitung von Computer und Internet ab den 1990er-Jahren bildete dann die Grundlage für *E-Learning- und Blended-Learning-Konzepte*, in denen Lerninhalte multimedial angereichert werden können. Dabei steht *E-Learning* für elektronisch unterstütztes Lernen, bei dem elektronische und digitale Medien zum Einsatz kommen. Bei der Kombination verschiedener Lern- und Kommunikationsmedien, also der Ergänzung herkömmlicher Methoden um neue E-Learning-Ansätze, spricht man von *Blended Learning,* also einem Lernen im Medienmix. Es wurden interaktive Lernformen entwickelt, mittels derer die Lernenden das erlangte Wissen ausbauen und anhand von Übungen testen konnten. Das Internet öffnete darüber hinaus den Zugang zu einer Vielfalt unterschiedlichster Wissens- und Kommunikationsressourcen. Diese sowie die Verbreitung von Handynetzwerken mit gleichzeitig wachsenden Übertragungsbandbreiten führten schließlich zur Entwicklung des sogenannten *Mobile Learnings,* bei dem der Gedanke des „Lernens an jedem Ort" in den

Fokus rückte. Das Prinzip nutzt die Möglichkeiten, die mobile Endgeräte, in erster Linie Handys („Handy“ = engl. „mobile“), aber auch Palms, PDAs (Personal Digital Assistants) und schließlich Tablet-Computer wie das iPad, für Lernende bieten. Das multimediale und vernetzte Lernen wird damit weitgehend ortsunabhängig und neue Lernarrangements werden denkbar. So können Lernende mobil oder unterwegs lernen, indem sie z. B. mithilfe von Geodaten Informationen zu Orientierungspunkten oder Sehenswürdigkeiten abrufen, in Gruppen online kommunizieren und gemeinsam die Lösung einer Aufgabe erstellen können.

Kukulska-Hulme beschreibt in der Einleitung des Buches “Mobile Learning: a handbook for educators and trainers” im Jahr 2005 die Endgeräte, die für Mobile Learning eingesetzt werden können:

> *“Mobile learning refers to the use of mobile or wireless devices for the purpose of learning while on the move. Typical examples of the devices used for mobile learning include cell phones, smartphones, palmtops, and handheld computers; tablet PCs, laptops, and personal media players can also fall within this scope.” (Kukulska-Hulme, Traxler, 2005, S. 1)*

Handys standen in Mobile-Learning-Projekten zunächst im Mittelpunkt. Ihr relativ hoher Verbreitungsgrad und ihre vergleichsweise geringen Anschaffungs- und Unterhaltskosten sind Gründe für ihren Einsatz in diesem Zusammenhang. So wurden Pilotprojekte in Afrika, Süd-/Mittelamerika und Asien entwickelt, um Bildungsinhalte auch in entlegenen Gebieten mit schlecht ausgeprägter Infrastruktur zugänglich zu machen. Ein Beispiel dafür ist ein Mobile-Learning-Projekt der University of London in Zusammenarbeit mit der University of Pretoria in Südafrika, das auf eine bereits existierende Mobile-Learning-Kultur aufbaute. Eine Gruppe von Studierenden aus unterschiedlichen Entwicklungsländern wurde mit Handys ausgestattet und konnte thematisch verschiedene Mobile-Learning-Module belegen. In diesem Projekt ging es u. a. darum, den existierenden Kursinhalt auf Mobile Learning abzustimmen sowie zu untersuchen, wie Studierende kollaborative Aufgabenstellungen bewerkstelligen und wie die tutorielle Betreuung beschaffen sein sollte (vgl. Gregson, Jordaan, 2009, S. 239 f.).

Die Ergebnisse dieser und ähnlicher Untersuchungen zeigen, dass Mobile Learning den verteilt und zum Teil ländlich lebenden Studierenden einen guten Zugriff auf Lernmaterialien bietet und ihnen den Kontakt zu ihren Kommilitonen und den Lehrenden ermöglicht. In einigen Projekten zum Thema Mobile Learning traten aber auch Nachteile zutage. Die Geräteigenschaften von Handys sorgen zwar für ein hohes Maß an Mobilität, können für Lernaktivitäten aber auch hinderlich sein. So behindern kleine Display-Größen, eine geringe Speicher- und Prozessorkapazität oder instabile Internetverbindungen z. B. die Aufbereitung und Ausgabe grafisch anspruchsvoller Lerninhalte (vgl. Elias, 2011, S. 146 f.). In dem erwähnten Projekt in Südafrika wurde daher darauf geachtet, die Inhalte im Vorfeld auf die Spezifika des Trägermediums abzustimmen. Die Inhalte wurden sequenziert. und Videos sowie andere speicherintensive Darstellungen kurz gehalten oder in anderer Form z. B. auf CD, verteilt. Auch Lernüberprüfungen wurden in den getesteten Modulen vom Umfang her begrenzt (vgl. Gregson, Jordaan, 2009, S. 238).

Mit dem iPad und anderen Tablet-Computern der neueren Bauart sind diese Beschränkungen nicht mehr unbedingt gegeben. Die Display-Größe des iPads erreicht mit einer Diagonale von 24,63 cm Taschenbuchformat. Das Gerät verfügt über ausreichend Speicherplatz und einen leistungsfähigen Prozessor (vgl. Apple.com, 2011b). Tablet-Computer anderer Hersteller haben davon leicht abweichende Bildschirmgrößen und Spezifikationen. Mit diesen mobilen Kommunikationsgeräten lassen sich auch längere Texte gut lesen und Videofilme überaus gut verfolgen. Damit sind Geräte entstanden, die viele Vorteile für das Mobile Learning haben. Auch Smartphones (Handys mit einem größeren Funktionsumfang) werden zunehmend preiswerter und können für Mobile Learning genutzt werden. Für den Einsatz in den beschriebenen Entwicklungsländern jedoch, wo das Handy insbesondere aufgrund seiner relativ geringen Anschaffungskosten verbreitet ist, wird es vermutlich auch weiterhin im Mobile Learning vornehmlich genutzt werden.

Was genau macht aber den Schritt vom E- und Blended Learning hin zum Mobile Learning aus? Mobile Learning macht Wissen (in Abhängigkeit von W-LAN- und Handynetzen) nahezu ubiquitär erreichbar. Der Begriff stellt damit eine Erweiterung des E-Learnings mit neuer Schwerpunktsetzung dar. Man könnte sagen: Das Lernen *als Prozess* wird mobil. Wir sind, dank der technischen Entwicklung, an einem Punkt angelangt, an dem nicht nur das Wissen, sondern auch lernunterstützende Anwendungen, z. B. Applikationen, die einen Kontakt zum Lehrenden und Mitlernenden ermöglichen, über das Internet oder Handynetzwerke nahezu an jedem Ort verfügbar sind. Damit gewinnen die Lernenden eine weitreichende örtliche und in asynchronen Lernformen[7)] auch zeitliche Unabhängigkeit, ohne auf den Zugang zu Recherchequellen oder auf Interaktionsmöglichkeiten verzichten zu müssen.

Peters stellte in ihrem Report über Mobile Learning fest: *"The key features of mobile learning identified in this report are: its ability to provide learning that is 'just in time, just enough and just for me'."* (Peters, 2007, S. 15) Die Formulierung „just enough" weist auf ein weiteres Merkmal mobilen Lernens hin, das in der oben erwähnten Studie in Südafrika bereits Eingang fand: die Aufteilung des Lernprozesses in kleine Einheiten, die sich z. B. auch für die Vermittlung mit einem Mobiltelefon eignen (vgl. Gregson, Jordaan, 2009, S. 238). Das Lernen kann damit noch besser in den Ablauf des persönlichen Alltags integriert und an individuelle Bedürfnisse, z. B. unterwegs, angepasst werden.

Eine wichtige Rolle beim Fernlernen spielen aber auch interaktive Prozesse, die mit den verschiedenen Geräten, die im Mobile Learning eingesetzt werden, sehr gut verwirklicht werden können. Der Kontakt zu den anderen Beteiligten am Bildungsprozess kann z. B. über SMS, E-Mails, Foren oder Live-Chats hergestellt werden. Damit lassen sich viele interaktive oder auch kooperative Elemente im Lernprozess umsetzen. Die Weiterentwicklung der Geräte vom Mobiltelefon zum Tablet-Computer (der, wie erwähnt, optimal an die Anforderungen einer Lernsituation angepasst ist) ermöglicht, dass das Prinzip „Mobile Learning" noch besser greifen kann.

Und die Zukunft? Eine Steigerung von mobilem Lernen stellt das Prinzip der Allgegenwärtigkeit von Lernerfahrungen dar. Dieser Schritt vom mobilen zum ubiquitären Lernen wird im Englischen bereits als U-Learning bezeichnet. Dabei geht es weniger darum, wie Lernenden der Zugang zu Lernerfahrung und -material ermöglicht wird; vielmehr bieten drahtlose Kommunika-

---

7 Als asynchron wird hier eine Lernmethode verstanden, bei der die Aktivitäten der Lernenden nicht gleichzeitig erfolgen. Das kann beispielsweise eine thematische Diskussion in einem Forum sein; eine Form, bei der die Teilnehmenden zeitlich unabhängig arbeiten können.

tionsmedien an nahezu jedem Ort Lernerfahrungen, die nicht unbedingt in *einem* didaktischen Konzept zusammengefasst sind, sondern durch überall zugängliche Informationen ergänzt werden können. Der Zugang zum Lernen wird unwichtig und tritt in dem Maße in den Hintergrund, in dem die Medien immer selbstverständlicher Bestandteile des Alltags werden (vgl. Park, 2011, S. 81). Einerseits erscheint diese neue Begrifflichkeit derzeit eine etwas spitzfindige Unterscheidung zum Mobile Learning darzustellen. Auf der anderen Seite werden die Nutzung neuer Technologien und der allgegenwärtige Zugriff auf Wissensquellen immer selbstverständlicher und damit gewohnter und nebensächlicher. Eine Konvergenz der unterschiedlichen Nutzungsmöglichkeiten von Technologien innerhalb von Lernarrangements aber auch im Alltag und damit die Verschmelzung der Grenzen zwischen einer beruflichen und einer privaten Nutzung sind jetzt schon zu beobachten und werden sich vermutlich noch verstärken.

1.3 Lernen überall? Grenzen und Herausforderungen im Mobile Learning

Die Grenzen des Mobile Learnings wurden, wie oben erwähnt, häufig an den Unzulänglichkeiten der eingesetzten Geräte festgemacht.

Park (2011, S. 82 f.) sieht die von Kukulska-Hulme im Jahr 2007 angeführten technischen Nachteile von Mobile Learning als temporäres Problem, das sich im Laufe der technischen Innovation relativieren wird und sich zum Teil schon relativiert hat. Er fasst die von Kukulska-Hulme identifizierten Probleme im Mobile Learning in folgende vier Bereiche zusammen:

- Probleme durch die Eigenschaften der mobilen Geräte, z. B. kleine Displays, kurze Akkulaufzeiten
- Probleme, die sich aus den Anwendungen und der Software ergeben, z. B. fehlende oder schwer zu erstellende Applikationen, Bedienungsprobleme
- Probleme mit der Geschwindigkeit und Verfügbarkeit von Netzwerken
- Probleme, die sich im Umgang mit den Geräten ergeben, z. B., das Gerät draußen zu verwenden, Lesbarkeit bei Sonneneinstrahlung, Sicherheitsbedenken

Park sieht die Grenzen des Konzepts eher darin begründet, dass im Umgang mit Mobile Learning vielfach ein theoretischer, pädagogischer Unterbau mit einem effektiven Instruktionsdesign fehle (vgl. Park, 2011, S. 82 f.).

Mit den Schwächen des Mobile Learnings insbesondere in Bezug auf das Instruktionsdesign beschäftigt sich auch Pätzold in seinem interessant betitelten Aufsatz „Schon wieder ‚anytime – anywhere'?". Er kritisiert die Eingeschränktheit der Didaktik, weil sie starre Interaktionsabläufe vorsehe, die wenig Raum für alternative Lernwege lasse. Damit würden, so Pätzold, komplexere didaktische Lernszenarios erschwert, und das in einer Zeit, in der die Mediendidaktik vor dem Hintergrund von Kognitivismus oder Konstruktivismus schon weitaus fortschrittlichere Lernkonzepte ermöglicht. In seinem Aufsatz bezieht er sich allerdings auf Mobile-Learning-Projekte, in denen kleinste Contentmengen per SMS distribuiert werden, um eine Bearbeitung mit herkömmlichen Handys zu ermöglichen (vgl. Pätzold, 2006, S. 82 f.).

Die technische Entwicklung ist inzwischen, wie beschrieben, so weit fortgeschritten, dass sich die oben genannten Nachteile mobiler Endgeräte relativieren lassen und damit auch didaktischer Spielraum zurückgewonnen werden kann. Insbesondere die Weiterentwicklung vom Handy oder PDA zum Tablet-Computer der heutigen Generation hat einige der Schwierigkeiten verringert. So verfügt das iPad z. B. mit zurzeit zehn Stunden Akkulaufzeit, einer relativ großen Speicherkapazität und vor allem der lesefreundlichen Bildschirmgröße über verbesserte Eigenschaften für das Lernen. Mit den für das iPad entwickelten Applikationen stehen den Lernenden zahlreiche Programme zur Verfügung, die z. B. zur Informationssuche und zur Vernetzung mit anderen Lernenden äußerst hilfreich sind. In vielen Ländern ist mit dem iPad ein mobiler Zugriff auf das Internet über Handynetzwerke möglich. Auch andere Tablet-Computer weisen inzwischen diese Vorteile auf. Nachteile wie ungenügender Schutz vor Feuchtigkeit und Probleme mit der Lesbarkeit bei starker Sonneneinstrahlung bleiben jedoch auch bei modernen Tablet-Computern in der Regel nach wie vor bestehen. Außerdem sind z. B. iPads im Vergleich zu herkömmlichen Handys teurer in der Anschaffung und aufgrund ihrer Größe nicht so leicht mitzuführen. Für viele Lernende in Entwicklungsländern stellt das iPad aufgrund seiner Preisgestaltung derzeit sicher eine unüberwindliche Hürde dar.

Der didaktische Mehrwert, den der Zugang über Mobile Learning bieten kann (z. B. die Erreichbarkeit neuer Zielgruppen und die Flexibilität des Lernens), hängt laut Pätzold aber auch von der Entwicklung und Gestaltung neuer Lernszenarien[8] ab (vgl. Pätzold, 2006, S. 87). Im folgenden Kapitel werden die didaktischen Erkenntnisse, die in den letzten Jahren aus dem Fernlernen und dem Mobile Learning gewonnen wurden, daher fokussiert, um daraus Empfehlungen für die Integration von Tablet-Computern in das Fernstudium ableiten zu können.

8 Schulmeister geht davon aus, „dass ein Szenario eine komplexe reale Situation meint, die aus einer institutionellen Organisationsform, einer Lernumgebung und einer Unterrichtssituation besteht, welche in der Regel mehrere Lehrmethoden umfasst" (Schulmeister, 2006, S. 200).

2 Fernstudienarrangements

Bei der Integration multimedialer Elemente in ein Fernstudienarrangement ist es sinnvoll, sich in Bezug auf die Gestaltung des Angebots in jedem Fall an mediendidaktischen Grundsätzen zu orientieren. Wie oben deutlich wurde, kann die Integration des iPads in das Fernstudium eine Erweiterung im Sinne des Mobile Learnings darstellen. Daher sollten neben den grundsätzlichen Fragen nach Lernzielen und Methodik auch didaktische Überlegungen und Prinzipien, die sich aus den Erfahrungen des Mobile Learnings ableiten, in der didaktischen Gestaltung des Bildungsangebots besondere Berücksichtigung finden. Des Weiteren sollten Aspekte der transaktionalen Distanz (vgl. Kap. 2.2) mit einbezogen werden, da dieses Modell die Besonderheit der spezifischen Lernsituation im Fernstudium gut darstellt.

2.1 Kompetenzvermittlung und -gewinn: Erkenntnisse des Mobile Learnings

Das Konzept des Mobile Learnings ist bis zum jetzigen Zeitpunkt in verschiedenen Zusammenhängen in Projekten umgesetzt und wissenschaftlich untersucht worden. Im Sammelband „Digitaler Campus“ geht es beispielsweise um verschiedene Erfahrungen des nachhaltigen Medieneinsatzes auch im Bereich Mobile Learning an Hochschulen. Unter anderem werden Erfahrungen mit der Integration digitaler Medien in Hochschulen aus bestehenden Projekten dargestellt (vgl. Kerres et al., 2004). Wie in jedem Bildungsangebot steht auch für ein Fernstudienangebot mit integriertem iPad die Vermittlung verschiedener Kompetenzen im Mittelpunkt. Im Aufsatz „M-Learning im Notebook-Seminar“ beschreiben die Autoren die Fähigkeiten, die in dem von ihnen vorgestellten Mobile-Learning-Projekt gefördert werden sollten (vgl. Krüger et al., 2003, S. 320 f.):

- Fachkompetenz
- Methodenkompetenz
- Sozialkompetenz
- Medienkompetenz

Diese Systematik ist auch für die mediendidaktische Einbindung des iPads oder anderer medialer Innovationen in Fernstudienangebote relevant.

Während sich Lernziele in der *Fach- und Methodenkompetenz* bei der Planung eines Fernstudienangebots im Wesentlichen aus den Fachinhalten ableiten lassen, ist zu überlegen, wie die Sozialkompetenz über die Distanz zu vermitteln ist. Eine Zusammenarbeit, in der die Kommunikation und Projektorganisation über räumliche Distanz hinweg verläuft, stellt in immer mehr Berufsfeldern einen Regelfall dar. Hier ist tatsächlich eine „Sozialkompetenz auf Distanz" gefordert. Eine Kommunikation und Kontaktpflege, die auf elektronische Medien angewiesen ist, stellt spezifische Anforderungen. Die kooperativen Bestandteile im Mobile Learning sind daher für den durch die Verbreitung und Nutzung des Internets sehr bedeutsam gewordenen Bereich der *Sozialkompetenz* sehr förderlich. Im Mobile Learning können beispielsweise kollaborative Lernformen eingesetzt werden, z. B. Gruppenprojekte, die von den Teilnehmern und Teilnehmerinnen über das Internet koordiniert werden müssen. Um diesen Kompetenzbereich zu fördern, sollten Fernunterrichtsanbieter interaktive und kollaborative Anteile in ihr Angebot integrieren.

Wenn es darum geht, *Medienkompetenz* zu vermitteln, ist ein Fernstudium im Blended-Learning-Ansatz häufig schon durch die Verschiedenheit der eingesetzten Medien ein adäquates Mittel. Jedes Medium erfordert eine spezielle Bedienung und da die Lernenden im Fernunterricht in der Regel neue Anforderungen allein oder nur mit Anleitungen und Supportdienstleistung der Anbieter bewältigen müssen, ist der Erwerb von Medienkompetenz eine Begleiterscheinung des Lernprozesses. Unabhängig vom Inhalt des Fernstudienangebots müssen die Lernenden im Lernprozess verschiedene Medien verwenden. Zusätzlich zum Lesen von Studienheften kann der Lerninhalt je nach Angebot z. B. durch CDs, Internetrecherche, virtuelle Klassenzimmer oder Videos ergänzt werden. Auch die Kommunikation erfolgt medienvermittelt. Auch wenn also in der Regel die Vermittlung von Medienkompetenz nicht im Vordergrund eines Bildungsangebots steht, ist es wesentlich für den Lernerfolg, die verwendeten Medien in Bezug auf ihren Einsatz genau zu planen und den Lernenden angemessene Unterstützung anzubieten.

Im Zusammenhang mit der Auswertung von E-Learning-Projekten an deutschen Hochschulen untersuchten Ehlers, Adelsberger et al. (2009) die Vermittlung von berufsrelevanten Kompetenzen. Zusätzlich zu den genannten projektorientierten Lernformen beurteilen die Autoren die regelmäßige Reflexion des Lernprozesses und der erlernten Fähigkeiten als kompetenzförderlich. Fernstudienangebote, die dem Mobile-Learning-Ansatz folgen, können für diese Art der Kompetenzförderung Web-2.0-Werkzeuge nutzen, z. B. Blogs, in denen die Lernenden ihren Lernfortschritt reflektieren und bewerten können (vgl. Ehlers et al., 2009, S. 16 ff.). Mobile-Learning-Konzepte nutzen so das Potenzial neuer technischer Entwicklungen für die Umsetzung didaktischer Ziele.

Das zeigt sich auch auf rein technischer Ebene, wenn bestehende Infrastrukturen genutzt werden, um Bildungsziele zu erreichen. So wurden Handynetzwerke für die Übertragung von Bildungsangeboten dort verwendet, wo keine Internetverbindungen existieren. Im Bereich der Kommunikation lässt sich diese Idee ebenfalls umsetzen: Das Mobile Learning verwendet existierende Kommunikationsformen, um den Lernprozess, die Kommunikation und diskursive Prozesse zu unterstützen. So können auch bestehende Netzwerke, z. B. Social-Media-Plattformen, für einen Austausch unter den Lernenden genutzt werden. Der Lernprozess sollte in einer Lernergemeinschaft kollaborativ gestaltet werden und der Zugang zum Lernen möglichst intuitiv sein sowie keine hohen technischen Anforderungen an die Lernenden stellen.

2.2 Transaktionale Distanz

Ein weiterer Aspekt, der bei der Gestaltung und didaktischen Umsetzung eines Fernstudienangebots berücksichtigt werden sollte, ist die räumliche Entfernung und ihre Bedeutung für den Lernprozess. Das Fernlernen verfügt aufgrund seiner langen Historie über spezifische didaktische Ansätze, die sich mit dieser Situation auseinandersetzen. Im Folgenden werden Erkenntnisse eines derartigen Konzepts aufgeführt. Mit der „Theory of transactional distance" wurde erstmals Anfang der 1970er-Jahre ein pädagogisches Modell für das Fernlernen entwickelt (vgl. Moore, 2007a, S. 89). Die Theorie der transaktionalen Distanz besagt, dass das Lernszenario im Fernunterricht durch die spezifische Lernsituation maßgeblich mitbestimmt wird: Da im Fernstudium per definitionem die Distanz einen nicht wegzudenkenden determinierenden Faktor darstellt, muss diese also in die didaktische Planung von neuen Fernlehrszenarien immer mit einbezogen werden. Die transaktionale Distanz bezeichnet das Ausmaß der psychologischen Trennung zwischen Lernenden und Lehrenden in Abhängigkeit von Struktur und Kommunikationskonzept eines Bildungsangebots (vgl. Park, 2011, S. 84). Diese Distanz wirkt sich z. B. auf die Lernmotivation aus: Es fehlt die motivierende direkte Ansprache durch die Lehrenden. Die Theorie der transaktionalen Distanz erläutert somit Zusammenhänge, die auch bei der Gestaltung einer Einbindung von Tablet-Computer in das Fernlernen Beachtung finden sollten.

Technische Entwicklungen im Bereich der Medien beeinflussten, wie oben erläutert, die didaktischen Szenarien im Fernlehrbereich und unterstützten u. a. auch die Interaktion zwischen den am Lernprozess beteiligten Personen:

> *"The quality of interaction in DL education has been steadily increasing with the advancements of communication technologies from printing press to radio, television, satellite, and now the Internet." (Motiwalla, Tello, 2000, S. 254)*

Einige dieser Medien – z. B. die Schaffung von Kommunikationskanälen zwischen Lernenden und Lehrenden über das Internet – trugen und tragen dazu bei, die transaktionale Distanz zu verringern.

Der Aspekt der transaktionalen Distanz in Fernlernsituationen kann, wie von Moore beschrieben, in Bezug auf drei Aspekte untersucht werden (vgl. Moore, 2007 b, S. 90):

- die Struktur (das Curriculum)
- den Dialog (die Kommunikation)
- die Autonomie (die die Situation und die Rolle der Lernenden auszeichnet)

Diese drei Blickwinkel sollten als Konzeptionsgrundlage auch bei der Entwicklung von Fernlernangeboten mit integriertem iPad Berücksichtigung finden. Um diese von Moore formulierten Sichtweisen zu berücksichtigen, können Fragen formuliert werden, deren Antworten in die didaktischen Überlegungen zu einem Curriculum mit einbezogen werden sollten, um die transaktionale Distanz zu verringern:

- Struktur: Welche Merkmale sollte ein derartiges Curriculum aufweisen, wenn Lernende mithilfe von Tablet-Computern mobil lernen sollen?

Mediale Möglichkeiten erweitern den Spielraum bei der Gestaltung von Curricula und bieten neue Variationsmöglichkeiten: Mit dem iPad können statische Lerninhalte mittels des E-Book-Formats durch Internetquellen oder interaktive mediale Anteile ergänzt werden. Die bestehenden medialen Möglichkeiten erlauben eine Umsetzung des Lernstoffs z. B. durch Videos oder Podcasts und damit ggf. eine emotionale Ansprache der Lernenden. Je ganzheitlicher ein Lernender angesprochen wird, desto größer ist die Chance auf eine dauerhafte Verankerung des Gelernten. Mithilfe von kurzen Videos der Autoren oder auch Tutoren kann eine persönliche Ansprache der Lernenden und eine Einleitung in den Lernstoff an den Anfang einer Lerneinheit gestellt werden. Auch wenn das nicht an die Ansprache in einer Präsenzunterrichtsphase heranreicht, gewinnen die Lernenden einen persönlichen Eindruck vom Lehrenden, der das erwähnte Motivierungspotenzial hat. Tablet-Computer bieten außerdem Kommunikationsmöglichkeiten, die einen direkten Kontakt zwischen den Lernpartnern erlauben. Diese Optionen sollten in einem Curriculum fest verankert sein, um der Distanz zwischen Lernenden und Lehrenden im Sinne des Lernerfolgs entgegenzuwirken.

- Dialog: Welche kommunikativen Möglichkeiten mobiler Endgeräte lassen sich didaktisch sinnvoll für die Ziele eines Lernangebots nutzen?

Mit mobilen Endgeräten stehen die meisten internetgestützten Kommunikationskanäle offen, die z. B. auch mit dem Computer genutzt werden können. So können sowohl synchrone als auch asynchrone Methoden in ein Lernszenario integriert werden. Inzwischen ermöglichen vorhandene Bandbreiten und eingebaute Kameras z. B. auch die Einbindung von Videobildern beim Chatten, sodass durch ergänzende optische Informationen wie das Bild des Gesprächspartners die Kommunikation viel persönlicher gestaltet werden kann. Bei der Konzeption von Lernszenarios kann aus diesem gesamten Portfolio der Kommunikationsmöglichkeiten nach didaktischen und organisatorischen Kriterien ausgewählt werden, um die Distanz im Fernunterricht zu verringern.

- Autonomie: Wie gehen die Lernenden mit einem iPad-gestützten Lernangebot um? Wie hoch sollte der Grad an Autonomie beim Lernen sein? Welches Verhältnis besteht zwischen den Lehrenden und den Lernenden?

Die mit diesen Fragen verbundenen Gestaltungsmöglichkeiten haben große Auswirkungen auf das Lernszenario. Hier können viele Weichen gestellt werden, die zum Lernerfolg beitragen. Zur Verringerung der transaktionalen Distanz sollten die Lehrenden für die Lernenden, aber auch die Lernenden untereinander leicht erreichbar sein. Da mobile Kommunikation zeitunabhängig geschieht, erhöht sich der Anspruch, dem z. B. Tutorinnen und Tutoren in einem Fernunterrichtskonzept gerecht werden müssen. Hier gilt es, Modelle zu entwickeln, die für die Lehrenden tragbar sind und den Lernenden den größtmöglichen Austausch ermöglichen. So lässt sich z. B. die Kommunikation steuern, indem die Lernenden in den Phasen der Zusammenarbeit zur Interaktion miteinander anregt werden und in virtuellen Klassenzimmern Ergebnisse zusammentragen und präsentieren.

Zur Autonomie der Lernenden: In einem Mobile-Learning-Setting mit eingebundenem iPad kann ein strukturiertes Lernreservoir angeboten werden, auf das die Lernenden je nach persönlicher Präferenz zugreifen können. Dennoch sollte das Lernangebot auch strukturiert sein (z. B. durch Taktung der Lerninhalte, lernunterstützende Online-Betreuungsgespräche oder Chats), um den Lernenden eine Orientierung und Motivation zu bieten. Auch durch diese Strukturierung wird die transaktionale Distanz verringert, wie auch Moore darstellt. Laut Moore ist die transaktionale Distanz abhängig von der Art der verwendeten Medien und der Struktur des Lernangebots (vgl. Moore, 2007b, S. 94 ff.). Das bedeutet: Je strukturierter und unflexibler ein Angebot, desto größer wird die Distanz zwischen der lernenden und der lehrenden Person. Das Lernen mithilfe eines Studienhefts, das im E-Book-Format auf dem iPad zur Verfügung gestellt wird, bedingt eine viel größere transaktionale Distanz als ein Online-Treffen einer Lerngruppe, das tutoriell begleitet wird und den individuellen Kontakt zwischen Lernenden und Lehrenden ermöglicht. Letztendlich sollte man sich also, wie oben bereits dargestellt, bei der Planung eines iPad-gestützten Fernlernangebots in jedem Fall Gedanken über das Interaktionskonzept machen, um die transaktionale Distanz zu verringern. Dafür sollten Lernformen wie kollaborative Online-Veranstaltungen in das Curriculum integriert werden.

Zusammenfassend kann man sagen, dass Tablet-Computer in Bezug auf jeden der drei Blickwinkel Struktur, Dialog und Autonomie eine Erweiterung des Gestaltungsspielraums bedeuten können. Abschließend soll noch einmal gezeigt werden, inwiefern insbesondere kollaborative Prozesse mit mobiler Technologie unterstützt werden können.

Park hat die Vielfältigkeit des Einflusses zusammengefasst, den mobile Technologien auf die transaktionale Distanz haben können:

> *"Considering the attributes of today's advanced mobile technologies that support both individualized application and networked communication, synchronous and asynchronous communication, and text-based communication and videoconferencing, the transactional distance is influenced not only by a single communication medium but also by diverse learning contexts, including multiple communication methods and channels." (Park, 2011, S. 86)*

Tablet-Computer bieten somit alle von Park genannten Möglichkeiten kombiniert mit einem hohen Grad an Mobilität: verschiedene Kommunikationskanäle, Zugriff auf unterschiedliche Lernkontexte und Recherchequellen. Um ein didaktisches Fernlernkonzept zu entwickeln, kann aus diesem größeren Angebot gewählt werden.

Erweiternd zu Park stehen mit dem iPad z. B. folgende, kollaborativ nutzbare Lernformen zur Verfügung:

- Kommunikation im Netzwerk: synchron und asynchron, z. B. E-Mail, Messenger-Programme, Foren
- virtuelle Klassenzimmer, z. B. Audio- und Videokonferenzen

- Lernblogs, in denen mithilfe von Kommentaren zusammengearbeitet wird
- Dokumenten-Sharing (gemeinsames Bearbeiten von Lerndokumenten)
- Lernwikis, in denen die Lernenden gemeinsam an der Darstellung eines Lernfelds arbeiten können

Diese Formen der Zusammenarbeit sind zwar auch mit herkömmlichen PCs möglich, jedoch erlauben Tablet-Computer einen mobilen Zugriff auf diese Ressourcen bei gleichzeitig vereinfachter Bedienung (vgl. auch Kap. 3.5 ff.). Je mehr es gelingt, diese Methoden der Kommunikation, Zusammenarbeit und Vernetzung nicht nur online zu ermöglichen, sondern unter Partizipation der Lernenden auch lebendig zu gestalten, desto mehr tragen sie zu einer Verringerung der transaktionalen Distanz bei. Idealerweise entsteht auch bei der Online-Kommunikation eine persönliche Bindung innerhalb der Lerncommunity (Lernende untereinander, Lernende und Lehrende), die zur Lernmotivation beitragen kann. Eine Verzahnung mit Präsenzlernangeboten, in denen sich Lerngruppen bilden können, kann diese didaktischen Überlegungen wirksam flankieren.

2.3 Nachhaltigkeit mediendidaktischer Innovationen

Ebenfalls aus der Mediendidaktik stammen Überlegungen zur Nachhaltigkeit von mediendidaktischen Innovationen, die verdeutlichen, welche Bereiche bei der Planung und Umsetzung eines innovativen Bildungsangebots bedacht werden müssen, um seinen langfristigen Erfolg zu sichern. Kerres stellt 2001 die Frage, ob für die Einführung digitaler Medien eine spezielle Didaktik benötigt wird (vgl. Kerres, 2001, S. 47 ff.). Er schlägt einen didaktischen Perspektivenwechsel vor, d. h. die Neuformulierung und Erweiterung bestehender didaktischer Prinzipien vor dem Hintergrund neuer Medienentwicklungen und veränderter Kommunikationssituationen. In dem von ihm entwickelten *Magischen Viereck mediendidaktischer Innovation* fasst er vier Rahmenbedingungen zusammen, die bei der Konzeption innovativer medialer Bildungskonzepte Beachtung finden sollten, um die Nachhaltigkeit der Maßnahmen zu sichern:

- Aufbau und Sicherung von Infrastruktur
- personelles und strukturelles Konzept zur Umsetzung der Maßnahme
- professionelle Produktion, Distribution und Sicherung der Medien (inkl. mediendidaktischer Konzeption)
- Reform der Lerninhalte und Lehrmethoden

Für die Konzeption neuer Fernstudienangebote, die Mobile-Learning-Ansätze beinhalten, sind diese Aspekte sehr bedeutsam. Im Hinblick auf die Infrastruktur sind existierende organisatorische Rahmenbedingungen zu analysieren. Auf Grundlage der Analyse kann ggf. eine Weiterentwicklung der Infrastruktur konzipiert werden. Konkret könnte dies z. B. die Anpassung einer Lernplattform für mobile Endgeräte sein. Besondere Aufmerksamkeit verdient immer das personelle Konzept einer Bildungsmaßnahme. Durch die Integration von kollaborativen und interaktiven Elementen sind ggf. neue tutorielle Betreuungskonzepte gefragt. Wenn der Bildungsanbieter bislang die Studieninhalte hauptsächlich in Form von Printmaterialien produziert hat, ist die Erstellung einer erweiterten mediendidaktischen Konzeption und dann auch deren nachhaltige Umsetzung ein zu bedenkender Mehraufwand. Gerade der Aspekt einer professionellen Medienproduktion kann einen beträchtlichen ökonomischen Faktor darstellen.

Die von Kerres angedachte Reform der Lerninhalte steht mit Sicherheit am Anfang der Konzeption eines derartigen Bildungsangebots, das auch per se neue Lehrmethoden enthalten wird. Eine tutorielle Betreuung z. B. von Lernblogs erfordert eine andere Ausrichtung der Lernbegleitung als die klassische Korrektur von Lernaufgaben. Reflektorische Inhalte sollten beispielsweise empathisch begleitet werden, da die Ausrichtung der Beiträge persönliche Meinungen und Gefühlsäußerungen der Lernenden enthalten kann. Die Tutoren und Tutorinnen sollten in der Lage sein, mit sensiblem Sprachgebrauch und pädagogischem Feingefühl auf diese Ausführungen einzugehen. Diese Aufgaben verändern gleichzeitig die Anforderungen, die ein Ausbildungskonzept der Lehrenden erfüllen sollte.

Um ein nachhaltig wirksames Fernstudienkonzept zu entwickeln, ist es daher sinnvoll, ausgehend von den inhaltlichen Erfordernissen des Lernstoffs nach medialen Möglichkeiten zu suchen, die den Lernprozess optimal unterstützen können. Dabei sind strukturelle Aspekte genauso wichtig wie ein angemessenes Betreuungskonzept. Vor dem Hintergrund relativ hoher Kosten für eine mediale Umsetzung sollte besonderes Gewicht auf die Konzeptionsphase einer Lernangebotsentwicklung gelegt werden.

3 Einsatz von Tablet-Computern und E-Book-Readern im Bildungsbereich

Vor dem Erscheinen des iPads gab es verschiedene, ihm verwandte Kommunikationsgeräte, darunter E-Book-Reader und verschiedene frühe Formen von Tablet-Computern. Diese Vorläufer des iPads wurden bereits im Bildungsbereich eingesetzt, sodass anhand ihrer Entwicklung gut verfolgt werden kann, wie der Fortschritt in diesem Bereich den didaktischen Spielraum vergrößert.

In diesem Kapitel wird dargestellt, welche spezifischen Möglichkeiten der Tablet-Computer und das E-Book-Format bzw. der E-Book-Reader für didaktische Konzepte bieten und welche technischen Spezifika sie interessant machen.

3.1 E-Book-Reader im Bildungsbereich

Der Begriff E-Book-Reader ist missverständlich, da ein E-Book (eine elektronische Publikation, vgl. Kap. 3.6) von verschiedenen Lesegeräten dargestellt werden kann. Wang teilt diese in vier Klassen ein (vgl. Wang, 2011, S. 32):

- PDA/Smartphones
- mobile Notebooks und Netbooks
- Tablet-PCs
- spezialisierte E-Book-Lesegeräte mit E-Ink-Technologie

In dieser Arbeit wird der Begriff E-Book-Reader für die mit der E-Ink-Technologie ausgestatteten Geräte verwendet.

E-Book-Reader sind speziell für das Lesen elektronischer Publikationen entwickelte Geräte, die sich durch einen sehr niedrigen Energieverbrauch auszeichnen und im Hinblick auf die Lesefreundlichkeit optimiert sind. Die sogenannte E-Ink-Technologie der E-Book-Reader setzt das Satzbild mithilfe von Kristallen zusammen. Die Geräte können dadurch auf ein beleuchtetes Display verzichten und ermöglichen ein für die Augen angenehmes Lesen. Diese Eigenschaft kombiniert mit der Funktion, dass E-Book-Reader einen leichten Zugriff auf E-Books ermöglichen und eine große Anzahl davon speichern können, machten sie für einen universitären Einsatz interessant.

Aaltonen et al. trugen im Jahr 2011 Ergebnisse von Studien aus den Jahren 2009 und 2010 zusammen, in denen verschiedene E-Book-Reader an Universitäten in Bezug auf ihren Nutzwert und ihre Bedienungsfreundlichkeit untersucht wurden (vgl. Aaltonen et al., 2011, S. 17 f.) . Durch die E-Book-Reader konnten die Universitäten den Studierenden ihre Skripte zwar einfach zur Verfügung stellen, jedoch mangelte es an akademischen Fachbüchern im E-Book-Format. Die berichteten Erfahrungen mit dem Lesen und Arbeiten mit den neuen E-Book-Readern enthielten einiges an Kritik. Viele der Geräte, so hieß es, verfügten nicht über einen berührungssensitiven Farbbildschirm, ließen sich nicht mit dem Internet verbinden und die Qualität von grafischen Darstellungen wurde als nicht befriedigend empfunden. Es gab darüber hinaus Schwierigkeiten, mit Texten zu arbeiten, z. B. Annotationen vorzunehmen oder gefundene Textstellen in eigene Dokumente zu transferieren (vgl. ebd., S. 17). Interessant ist an dieser Zusammenfassung, dass sich viele der Defizite in der Usability, die die Untersuchungsteilnehmer und -teilnehmerinnen identifizieren, beim iPad nicht mehr finden lassen.

Eine an der Lloyd Sealy Library des John Jay College of Criminal Justice in New York durchgeführte Untersuchung aus dem Jahr 2010 unter College-Schülern und Schülerinnen ergab ähnliche Kritikpunkte an E-Book-Readern (vgl. Kiriakova et al., 2010, S. 22 f.). Die Befragungen ergaben, dass die Teilnehmenden Funktionalitäten von E-Book-Readern erwarteten, die sie bereits von ihren Smartphones oder dem iPod kannten, darunter insbesondere den berührungssensitiven Bildschirm und multimediale Darstellungen. Dennoch sagten über 80 % der 163 teilnehmenden Schüler, sie würden einen E-Book-Reader herkömmlichen Büchern vorziehen. In der Untersuchung wurden vonseiten der Bibliothek weitere negative Aspekte der E-Book-Reader identifiziert, die mit den existierenden proprietären E-Book-Formaten zusammenhängen (vgl. ebd., S. 24). Die unterschiedlichen Anbieter von E-Books haben jeweils ihre eigenen Reader entwickelt, deren Formate untereinander nicht immer kompatibel sind. Für Universitätsbibliotheken ist daher die Anschaffung eines bestimmten Geräts und damit die Festlegung auf das dazugehörige Format nicht sinnvoll. Aaltonen et al. kamen abschließend zu dem Ergebnis, dass E-Book-Reader für die wissenschaftliche Arbeit zum Zeitpunkt der Studien (2009 und 2010) aufgrund der Ergebnisse der verschiedenen Untersuchungen nicht empfohlen werden können:

> *"E-readers are currently great for reading novels, but lack the functionality required for academic reading, annotating, and notetaking." (Aaltonen et al., 2011, S. 25)*

3.2 Tablet-Computer im Bildungsbereich

E-Book-Reader wurden zwar, wie oben ausgeführt, in Bezug auf ihre Einsetzbarkeit in der wissenschaftlichen Textarbeit untersucht. Für eine mediendidaktische Betrachtung bieten aber Geräte, die einen Zugriff auf das Internet und damit auf Kommunikations- und Interaktionsmöglichkeiten erlauben, mehr Potenzial. Tablet-Computer vereinen diese Funktionen mit einem Schwerpunkt auf Mobilität.

Der Begriff Tablet-Computer war vor der Einführung des iPads ein Sammelbegriff für mit dem Notebook verwandte Kommunikationsgeräte, die eine Bedienung über das Display z. B. mithilfe eines speziellen Stiftes oder auch mit den Fingern erlauben. Auch diese Art von Computern wurde in Bezug auf ihren Nutzen für den Bildungsbereich getestet. Einige Programme auf dem Tablet-Computer ermöglichen Freihandeingaben, die mithilfe von Texterkennungsfunktionen digitalisiert werden. Diese Funktion wurde u. a. in naturwissenschaftlichen Fächern verwendet, in denen z. B. mathematische Formeln direkt per Stift oder handschriftlich über den Bildschirm eingegeben wurden. Das stellte gegenüber herkömmlichen Notebooks einen Vorteil dar.

> *"The benefits of capturing handwriting on the computer are beginning to be recognized, following a drive by university managers towards more cost efficient delivery of course material, including lecture screen recording which requires some form of capturing handwriting electronically in symbol-based disciplines." (Loch, Fisher, 2010, S. 549)*

Die frühen Tablet-Computer waren aufgrund ihrer Geräteeigenschaften auch für einen mobilen Einsatz geeignet und wurden z. B. in Schulen für unterschiedliche Zwecke genutzt: für das Zeichnen mathematischer Grafen, die Datensammlung bei Feldtrips in den Naturwissenschaften, aber auch für interaktive Lernsettings, in denen die Schüler und Schülerinnen sich mit Kindern aus anderen Ländern austauschen konnten (vgl. Koh, Lee, 2008, S. 176 f.). Die Vorläufer des iPads konnten also schon für kollaborative und mobile didaktische Szenarios genutzt werden. Allerdings war die Akzeptanz nicht immer gegeben, vor allem, weil der Tablet-Computer in der Anschaffung teuer war und von Anfang an in direkter Konkurrenz zum Notebook stand. So nutzten in einem Akzeptanztest unter Universitätsprofessoren an der Seton Hall University, einer Präsenzhochschule, im Jahr 2006 nur 30 % der Fakultätsmitglieder einen Tablet-Computer als Ersatz für ihr Notebook (vgl. Weitz et al., 2006, S. 81). Die Tablet-Computer wurden in verschiedenen Funktionen innerhalb der Lehre getestet. Positiv bewertet wurde dabei das Zeichnen von Diagrammen in einer Vorlesung direkt in der elektronischen Vorlage. Viele standen dem Gerät dennoch skeptisch gegenüber und konnten seinen Zusatznutzen im Vergleich zum Notebook nur schwer erkennen, sodass es nur selten genutzt wurde (vgl. ebd., S. 73 f.), eine Betrachtungsweise, die sich mittlerweile vielleicht durch das Erscheinen des iPads und anderer mobiler Endgeräte modifiziert haben könnte.

3.3 Weiterentwicklung der Geräte

Zwar lässt sich zusammenfassend sagen, dass beide Geräteklassen, die E-Book-Reader und die Tablet-Computer, bei den jeweiligen Untersuchungen noch Schwächen in der Bedienung aufwiesen, jedoch haben sich beide mittlerweile (zum Zeitpunkt dieser Arbeit) wesentlich weiterentwickelt.

Die Integration von Internet-Browsern oder das Abspielen von Sound sind nur zwei Beispiele für die Weiterentwicklung von E-Book-Readern. Bei E-Book-Readern, die die E-Ink-Technologie verwenden, ist die Darstellung von Internetseiten dennoch nicht so komfortabel und auch multimediale Inhalte lassen sich nicht anzeigen.

Bei den Tablet-Computern kombinierte Apple mit dem iPad die Vorteile von E-Book-Readern, bisherigen Tablet-Computern und Notebooks, ein Vorbild, dem heute viele Hersteller (z. B. Samsung, Archos, Asus) folgen. Diese neu entwickelten Geräte weisen ähnliche Spezifikationen wie das iPad auf und werden daher in Zukunft voraussichtlich ebenfalls an Bedeutung im Bildungsbereich gewinnen.

Das Konzept, das Apple mit dem iPad verfolgt, war bislang kommerziell äußerst erfolgreich. Im ersten Quartal 2011 verkaufte der Hersteller 7,3 Millionen iPads, und damit etwa zweieinhalb Mal so viele wie Macbooks (die Notebooks der Firma Apple) im gleichen Zeitraum (vgl. Apple.com, 2011c). Das iPad wird bereits an vielen Universitäten getestet und auch im Fernstudium eingesetzt.[9]

Welche Potenziale Tablet-Computer und vor allem das iPad für die Gestaltung des Fernunterrichts bieten, wird im Folgenden zu sehen sein.

3.4 Das Potenzial von Tablet-Computern für die Gestaltung des Fernunterrichts am Beispiel des iPads

Auf die Entwicklung des Fernunterrichts wurde in den vorangegangenen Kapiteln bereits eingegangen. Wenn das iPad in vielen Bereichen der Bildung auch keine wirkliche Konkurrenz zu anderen Geräten wie dem Computer darstellt, so bietet es doch für das Fernlernen eine interessante Kombination an Möglichkeiten, denn es kommt den Anforderungen des mobilen Lernens mit seinen technischen Spezifikationen sehr entgegen.

Für den Fernunterricht sind die Geräte-Eigenschaften des iPads durchaus interessant, da die Fernunterrichtsdidaktik immer vor der Aufgabe steht, den Lernenden die Lerninhalte möglichst lernfreundlich aufzubereiten und gute Rahmenbedingungen für den Lernprozess zu schaffen. Die Lernsituation wird von den Lernenden individuell gestaltet – das Lernen wird in den jeweiligen Alltag integriert und die Fernlerninstitute bemühen sich, diese Flexibilität zu unterstützen. Viele Anbieter entscheiden sich dabei immer noch, einen Großteil der Lernmaterialien in gedruckter Form anzubieten und zu versenden. Dieses Angebot wird – gemäß des Blended-Learning-Ansatzes – häufig durch andere mediale Elemente ergänzt. Dabei wird eine Kombination unterschiedlicher medialer Vermittlungsmethoden ausgewählt, um Lerninhalte möglichst adäquat darzustellen und dem Lernenden einen effizienten Lernprozess zu ermöglichen. Neben den gedruckten Materialien werden Lerninhalte z. B. in Form von WBTs, CBTs oder Podcasts[10] angeboten; Interaktion mit den Lehrenden und die Kommunikation mit den Mitstudierenden finden häufig über Lernplattformen im Internet statt. Darüber hinaus können Präsenzveranstaltungen den Medienmix ergänzen.

---

9 Die Universität St. Gallen begann z. B. 2010 mit einem Einsatz des iPads in einem MBA-Studiengang und nutzte u. a. Social-Media-Plattformen, um mobiles Lernen zu unterstützen (vgl. Universität St. Gallen, 2010).

10 WBT: Web Based Training: internetbasierte Lernprogramme; CBT: Computer Based Training: Lernprogramme, die stationär auf einem Computer angeboten werden; Podcast: Audiodatei z. B. mit Lerninhalten.

Die Abbildung 3.1 fasst den Medienmix im Fernunterricht zusammen. Tablet-Computer und speziell das iPad haben das Potenzial, diesen Blended-Learning-Mix zu ergänzen. Mit ihm kann man alle webbasierten Anteile des Lernprozesses auch mobil nutzen. Damit kann der Lernprozess optimal an die eigenen Bedürfnisse angepasst werden. Das E-Book-Format bietet darüber hinaus weitere Vorteile: Das gedruckte Studienmaterial kann um mediale Komponenten ergänzt werden. Gleichzeitig vermittelt das iPad aber durch sein Format und die Handhabung ein angenehmes Leseerlebnis: Lernmaterial kann von Hand durchgeblättert werden und die optische Umsetzung ist an das normale Leseerlebnis angepasst (vgl. Kap. 3.6). Das iPad stellt damit eine gute Ergänzung zum Blended-Learning-Mix im Fernunterricht dar.

Zusätzlich bietet das iPad die Möglichkeit, digitale Inhalte, die im Internet verfügbar sind, zusammenzufassen und aufzubereiten. Einige Anwendungen auf dem iPad widmen sich der Aufgabe, verschiedenste Internetquellen zusammenzufassen, damit Nutzer nicht mehrere Internetseiten aufsuchen müssen, um sich über einen Themenbereich zu informieren. Der Grundgedanke dabei ist, dass sich Nutzer und Nutzerinnen individuelle Schwerpunkte setzen können,

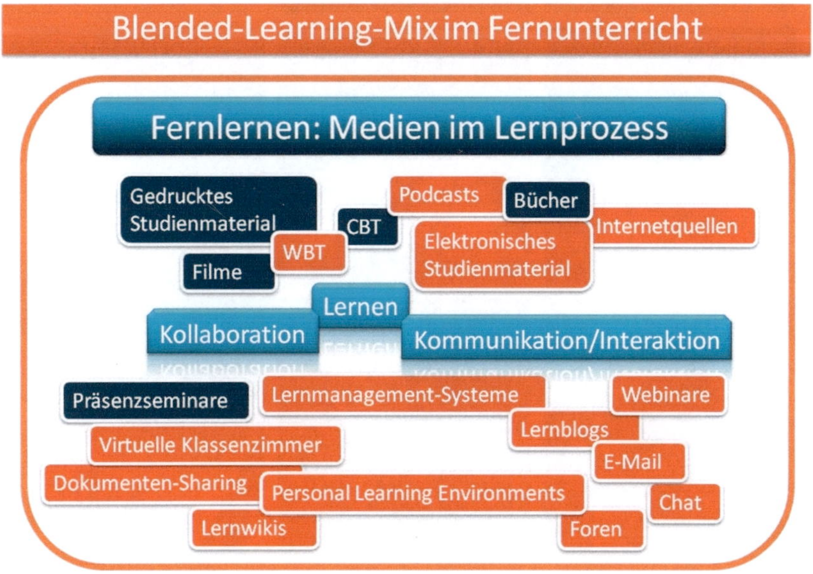

Abb. 3.1: Blended Learning: Beispielhafte Zusammenstellung von Medien im Fernunterricht (dunkelblau = Medien, deren Nutzung nicht vom Internet abhängt)

sodass ein eigenes mediales Format entsteht. Ein Beispiel dafür ist Flipboard (http://flipboard.com/), eine Anwendung, die die Neuigkeiten verschiedener Quellen aus den Social Media sowie redaktionelle Inhalte in ein individuelles, grafisch gestaltetes zeitungsähnliches Format überführt (vgl. Abb. 3.2).

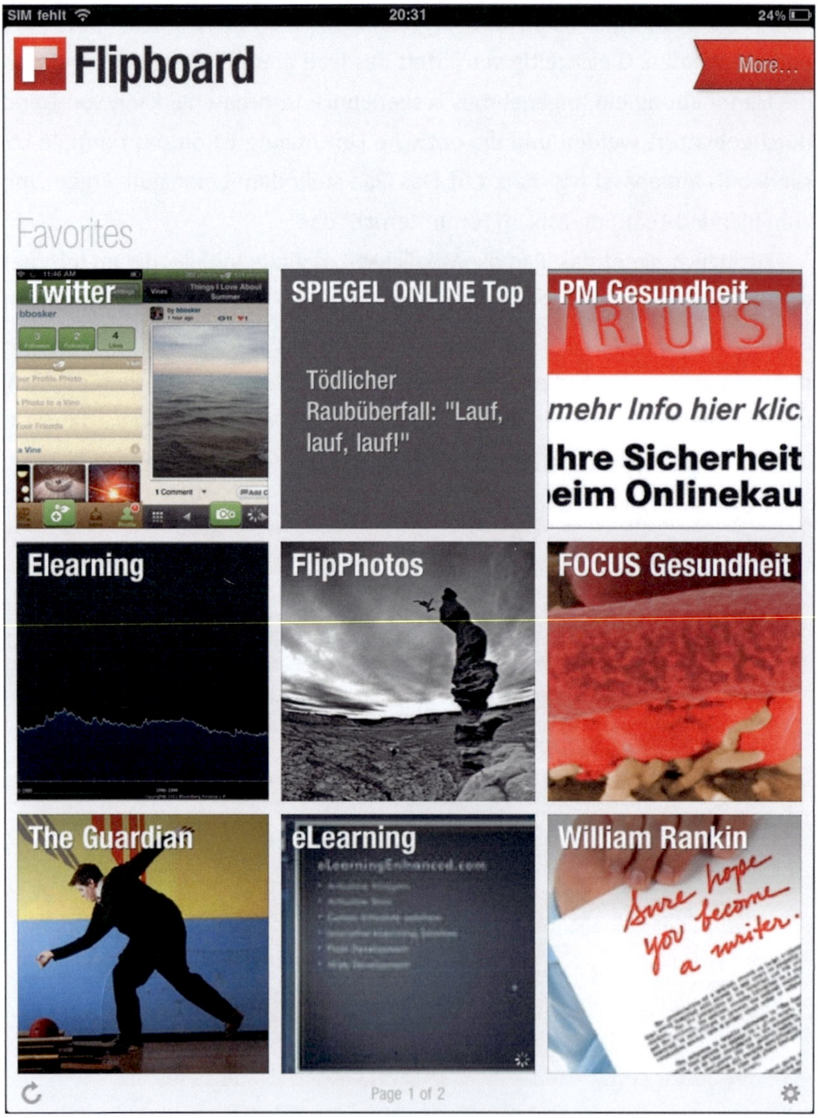

Abb. 3.2: Individuell zusammengestellte Inhalte dargestellt mit Flipboard

Eine Nutzung derartiger Applikationen ist auch im Bildungsbereich sehr gut vorstellbar, z. B., wenn es darum geht, dass die Lernenden zu einem Thema immer auf die neuesten Informationen zugreifen sollen.

3.5 Das iPad und seine Möglichkeiten: Mobilität, Multimedialität und Bedienbarkeitsaspekte

Das iPad steht stellvertretend für eine Generation von Tablet-Computern, die die Merkmale herkömmlicher E-Book-Reader mit Funktionen von PCs und Notebooks und auch früherer Tablet-Computer kombinieren.

Am Beispiel des iPads werden in den folgenden Abschnitten die spezifischen Parameter erläutert, die das Gerät für einen Einsatz im Fernstudienbereich interessant machen.

3.5.1 Mobilität und Internetfähigkeit

Mobile Learning stellt, wie dargestellt, spezifische Anforderungen an die Geräte, die den Lernprozess unterstützen sollen. Das iPad hat viele Eigenschaften, die diesen Anforderungen entgegenkommen. Es ist auf einen hohen Grad an Mobilität ausgerichtet, verfügt über große Speicherkapazitäten, ist internetfähig und kann zahlreiche mediale Formate darstellen. Das iPad ist mit ca. 600 g und einer Akkulaufzeit von ca. zehn Stunden ein kleines Gerät, das speziell für einen mobilen Einsatz konzipiert wurde. Es lässt sich über Wireless Lan oder 3G/UMTS mit dem Internet verbinden (vgl. Apple.com, 2011 b). Damit sind Lernende in der Lage, überall dort, wo ein Handynetz verfügbar ist, auf das Internet zuzugreifen. Die Internetfähigkeit des Geräts erlaubt nicht nur die direkte Einbindung von Materialien aus dem Internet in das Studienmaterial, sondern bietet auch verschiedene Möglichkeiten synchroner und asynchroner Kommunikation, die für einen Kontakt im Fernlernprozess genutzt werden können. Die leichte Bauweise des Geräts unterstützt die Mobilität, einschränkend muss aber gesagt werden, dass der Bildschirm bei Sonneneinstrahlung durch die Hintergrundbeleuchtung seine guten Leseeigenschaften einbüßt. Die Mobilität wird ggf. durch eine externe Tastatur geschmälert, die aber für das Verfassen längerer Texte einen größeren Schreibkomfort bietet.

Das iPad als Allrounder:

- Internetnutzung
- E-Book-Reader
- Kommunikationswerkzeug (E-Mail, virtuelle Klassenzimmer, Messenger, Chat und Video-Chat, asynchrone Kommunikationswerkzeuge)
- kooperative Lernanwendungen (Blogs, Wikis, gemeinsame Dokumentenbearbeitung)
- Zugang zur Lernplattform
- Texte verfassen (eingeschränkt möglich, Verbesserung durch Benutzung einer Zusatz-Tastatur)
- Funktionsumfang durch Apps erweiterbar

Abb. 3.3: Aufgrund seiner Spezifika kann das iPad für vielfältige Funktionen im Lernprozess genutzt werden

Die Speicherkapazität des iPads von zurzeit 16 Gigabyte (GB) und mehr (Stand 2011) ist für einen mobilen Einsatz, z. B. für das Speichern von Lernmaterialien, durchaus ausreichend, vor allem, wenn diese in Form von E-Books vorhanden sind. Der Speicherplatz kann mithilfe von Apps durch eine Nutzung von Datenspeichern im Internet ergänzt werden.

3.5.2 Multimedialität

Im Vergleich zu den ersten E-Book-Readern ist das iPad auf Multimedialität und Internetfähigkeit ausgelegt. Daher kann es sehr viele mediale Formate darstellen. Dazu zählen Bildformate wie jpg oder gif, Audioformate wie mp3 und wav, aber auch Filmformate wie mp4 und mov in verschiedenen Qualitäten. Diese Medien lassen sich mithilfe von iTunes, einer Webapplikation, verwalten. Mithilfe von verschiedenen Browsern (z. B. Safari) ist das Gerät voll internetfähig, lediglich die im Vergleich zu Notebooks oder PCs geringere Bildschirmgröße macht das Lesen einiger Internetseiten mühsam. Ein Problem für das iPad stellt bislang das Format Flash der Firma Adobe dar, denn dieses wird nicht unterstützt. Da Flash ein beliebter Standard für die plattformunabhängige Darstellung interaktiven Contents ist, stellt diese Einschränkung einen Nachteil für den Einsatz im Bildungsbereich dar. Auf einigen Webseiten wurde Flash bereits durch die Nutzung der Webprogrammiersprache HTML5 substituiert. Auf anderen Seiten bieten Webseiten-Betreiber eigene iPad-Versionen oder Applikationen für das iPad an. Die Video-Plattform *Youtube* (http://www.youtube.com/) beispielsweise, deren Videos in einem Flash-Video-Format dargestellt werden, stellt für iPad-Nutzer eine eigene App zur Verfügung, mit der alle Videos der Plattform angesehen werden können.

Das iPad verfügt zudem über Kopfhöreranschluss und Mikrofon; das iPad der neueren Generationen auch über jeweils eine front- und eine rückseitige Kamera, mit der man Fotos und Videos aufnehmen kann. Über Sensoren kann das Gerät überdies Impulse, wie eine Drehung oder Neigung des Geräts, wahrnehmen und darauf reagieren (vgl. Apple.com, 2011a). Bei bildlichen Darstellungen in Lernmaterialien kann diese Funktion z. B. dafür verwendet werden, Lerninhalte im jeweils günstigsten Seitenverhältnis zu betrachten, aber auch für Simulationen könnte diese Funktion interessant sein.

Da das iPad auch mit E-Reader-Funktionalitäten ausgestattet ist, kann es verschiedene Textformate darstellen. Neben Rich Text Format und den Microsoft-Word-Formaten mit den Endungen doc und docx ist das iPad in der Lage, E-Book-Formate wie EPUB und PDF zu öffnen (vgl. Kap. 3.6). Für die Bearbeitung oder das Erstellen von Textdokumenten gibt es Apps, z. B. das kostenpflichtige „Pages". Die Texteingabe erfolgt durch die Bildschirmtastatur oder komfortabler durch eine externe Tastatur.

Die dargestellten Formate erlauben eine vielseitige multimediale Darstellung von medialen Lerninhalten auf dem iPad und können so seine Anschaulichkeit erhöhen. Bildungseinrichtungen haben zudem die Möglichkeit, eigene Apps zu entwickeln, die nach Genehmigung der Firma Apple auch zum Herunterladen zur Verfügung gestellt werden können.[11] Mithilfe dieser Lern-Apps wären Bildungsanbieter in der Lage, Lerninhalte zu distribuieren und den Lernenden Zugang zu weiteren lernunterstützenden Funktionen zu gewähren. Die Apps könnten z. B. mit Kommunikations- und Interaktionsmöglichkeiten ausgestattet sein.

3.5.3 Bedienung und Applikationen

Die Entwicklung des iPads wurde durch seine intuitive Steuerung von der Firma Apple gezielt auf einen hohen Grad an Bedienungsfreundlichkeit ausgerichtet (vgl. Apple.com, 2011a). Das Hochfahren des Geräts ist im Vergleich zu

11 Apple stellt unter http://developer.apple.com eine Entwicklungsumgebung (kostenpflichtig) bereit, mit der Apps programmiert werden können.

einem Notebook oder PC nicht mit Wartezeiten verbunden. Der berührungsempfindliche Bildschirm erlaubt eine intuitive Bedienung mit mehreren Fingern gleichzeitig (zur Multi-Touch-Technologie vgl. Kroell, Ebner, 2011, S. 8). Neben dem Lautstärkeregler und einer Feststell- bzw. Stummschalttaste verfügt das Gerät lediglich über zwei Schalter, mit denen es an- und ausgeschaltet wird sowie Apps gestartet werden können. Mit dieser Einfachheit bietet das iPad einen leichten Einstieg für technologiefremde oder -ungeübte Menschen. In seiner Darstellung verschiedener Medien im Bereich Distance Education beschreibt Broßmann diesen Nutzen:

> *„Vielleicht sind gerade seine eingeschränkten Funktionalitäten, was die vom Laptop her bekannte synchrone Nutzung unterschiedlicher Programme betrifft, eine Chance auch weniger technologieaffine Menschen zu erreichen, denen eine gefühlte Bindung an den Computer widerstrebt und die nicht erst einen Rechner hochfahren wollen, um in den Internetkomfort zu gelangen." (Broßmann, 2011, S. 103)*

Die Bedienung über den Bildschirm hat allerdings für die Textverarbeitung einen Nachteil. Wie oben erwähnt, verfügt das iPad über eine Bildschirmtastatur, die für das Verfassen längerer Texte nicht gut geeignet ist.[12)] Eine externe Tastatur kann diesen Nachteil ausgleichen, erhöht dann aber Platzbedarf und Gewicht.

Ein weiteres Spezifikum des Geräts ist die Dateiverwaltung, die in der Hauptsache über die proprietäre Apple-Plattform iTunes oder über E-Mail erfolgt. Es fehlen dem Gerät im Vergleich zum Notebook z. B. Schnittstellen (u. a. USB) und Laufwerke, mit denen Daten zur Bearbeitung auf das iPad übertragen werden können. Dieser Nachteil kann allerdings mithilfe von Apps, die eine Datenübertragung zu Netzwerkspeichern oder Datensynchronisation anbieten[13)], ausgeglichen werden. Besonders vorteilhaft sind diese Apps, um verschiedene Kommunikationsgeräte zu synchronisieren und so immer auf den gleichen Datenbestand zurückgreifen zu können.

Die Nutzung des Geräts wird mithilfe einer Vielzahl an Apps gestaltet, darunter viele, die für den Bildungsbereich interessant sind. Das iPad ist ab

---

12 In einer Studie zum Vergleich von Netbook-Keyboards und der Bildschirmtastatur von iPads zeigte sich bei iPad-Benutzern eine langsamere Schreibgeschwindigkeit (vgl. Chaparro et al., 2010, S. 8).

13 Beispiel für diese Anwendungen sind die Apps „Dropbox" (http://www.dropbox.com/) und „Sugarsync" (https://www.sugarsync.com/).

Werk bereits mit einigen Grundanwendungen ausgestattet. Gleich nach der Inbetriebnahme kann der Nutzer damit z. B. E-Mails oder Notizen verfassen, Videos aufzeichnen oder Seiten im Internet aufrufen. Zahlreiche weitere Anwendungen, u. a. zur Textbearbeitung, zur Informationssuche oder auch zur Kommunikation lassen sich gratis oder gegen Gebühr herunterladen.

Für den Bildungsbereich sind folgende Arten von Interesse:

- Apps zur Kommunikation: Viele Apps sind auf diesen Bereich ausgerichtet. Es gibt Apps, mit denen Fernstudierende miteinander chatten oder auch online telefonieren können, z. B. die App des Anbieters Skype. Eine weitere, insbesondere für den Bereich des Fernlernens interessante Ausrichtung ist die Möglichkeit, den Tablet-Computer für die Kommunikation innerhalb sozialer Netzwerke zu nutzen. Damit könnten Fernunterrichtsanbieter die Bildung von lernunterstützenden Netzwerken fördern. Auch für diesen Bereich gibt es Apps, die einen Zugang zu den sozialen Netzwerken ermöglichen.
- Apps zur Informationssuche: Hierzu gehört die bereits erwähnte Möglichkeit, sich Informationen aus verschiedenen Quellen zusammenzustellen. Darüber hinaus bieten viele Informationsanbieter, z. B. Zeitungen, Internetportale, Fernsehsender und Zeitschriften, eigene Apps an, mit denen sich die Lernenden zu verschiedensten Themen (zum Teil kostenpflichtig) informieren können.
- Lernunterstützende Apps: Es gibt zahlreiche (ebenfalls zum Teil kostenpflichtige) Anwendungen, mit denen Lerninhalte, z. B. zum Lernen von Fremdsprachen, direkt abgerufen oder eigene Lerninhalte geübt werden können, wie die App „CoboCards“, mit der man im Karteikartensystem Begriffe lernen kann. Didaktisch interessant sind auch Apps, mit denen man Zugriff auf Web-2.0-Medien hat. So können Blogs, die im Lernprozess zur Reflexion dienen, auch mithilfe von Apps gestaltet und verwaltet werden.
- Eigenentwickelte Apps: Wie oben erwähnt, haben auch Bildungseinrichtungen die Möglichkeit, eigene Apps zu erstellen, die entsprechend ihrem pädagogischen Konzept Lernprozesse fördern. Mit einer solchen Anwendung können die Einrichtungen auch eigene Lerninhalte zur Verfügung stellen.

Zusammenfassend lässt sich festhalten, dass Tablet-Computer, hier dargestellt am Beispiel des iPads, Funktionen vereinen, die für moderne Fernunterrichtskonzepte von großem Nutzen sein können. Mithilfe von E-Books kann der didaktische Spielraum von Lerninhalten zusätzlich erweitert werden.

3.6 E-Books und E-Book-Formate: Merkmale und mediale Möglichkeiten am Beispiel EPUB

Das E-Book (kurz für Electronic Book) ist der Oberbegriff für digitalisierte Veröffentlichungen, die in verschiedenen digitalen Formaten vorliegen und von digitalen Endgeräten dargestellt werden können. Wie beim E-Book-Reader wird auch der Begriff E-Book nicht einheitlich verwendet. Während manche ihn auch für die Hardware, also die Lesegeräte, einsetzen, wird er in dieser Arbeit so verwendet, wie ihn Mason (2008) definierte:

> *"At its simplest, an e-book is an electronic version of a conventional book that can be read on screen using a desktop computer, any portable device (e.g. laptop, PDA) or in some cases a dedicated hardware device.[...] some books may contain audio and movie clips, as well as hyperlinks." (Mason, Rennie, 2008, S. 98)*

Die Formatbandbreite für E-Books ist groß. Es zählen dazu weit verbreitete Formate wie das von Adobe herausgebrachte PDF-Format (Portable Document Format), das eigentlich eine Druckvorstufe darstellte, bevor es zu einem weitverbreiteten Standard für elektronische Dokumente wurde, aber auch neuere proprietäre und offene E-Book-Formate wie EPUB (kurz für Electronic Publication). Das iPad kann verschiedene dieser Formate lesen, einige mithilfe der Apple-App „iBooks“, darunter PDF und das offene EPUB-Format; für andere E-Book-Formate haben die jeweiligen Vertriebsplattformen eigene Apps erstellt, über die man das Verlagsprogramm abrufen kann (vgl. Biersdorfer, 2011, S. 138 f.). Daneben gibt es auch proprietäre E-Book-Formate, die von Microsoft (Lit) oder von Amazon (Kindle) verwendet werden (vgl. Wang, 2010, S. 53 ff.).

> *„Charakteristisch für das E-Book ist, dass es einerseits die Form eines Buches (beispielsweise durch ein Inhaltsverzeichnis und Seitenanga-*

> *ben), andererseits die Vorteile einer digitalen Speicherung (Suchfunktionen, Metadaten) aufweist. Somit kann das E-Book traditionelle, für das wissenschaftliche Arbeiten wichtige Strukturen mit modernen und komfortablen Vorteilen der elektronischen Form in sich vereinen." (Haas, 2007, S. 26)*

In der Beschreibung von Haas wird deutlich, welche Vorteile das E-Book für das Fernstudium oder das Lernen im Allgemeinen bietet. Einerseits ermöglicht es ein herkömmliches Leseerlebnis, andererseits verfügt es zusätzlich über Funktionen, die sich mit gedruckten Büchern nicht realisieren lassen. Die Lernenden können Annotationen zum Text erstellen, diese zusammengefasst anzeigen lassen oder auch durchsuchen. Außerdem lassen E-Book-Formate die Speicherung von Metadaten zu der Veröffentlichung zu. Ein weiteres Merkmal von E-Books ist die schnelle und einfache Verfügbarkeit. E-Books lassen sich beim jeweiligen Anbieter im Internet erwerben und direkt herunterladen oder werden zunehmend auch von Bibliotheken zur Verfügung gestellt. Aber sie haben noch weitere Vorteile, die Oliver Ott vom Zentrum für Bildungsinformatik konstatiert:

> *„E-Books sind nicht nur digitale Kopien von gedruckten Büchern, sondern können auch multimedial und interaktiv sein. Sie lassen sich mit Internet-Diensten verbinden, über welche die Leserinnen und Leser untereinander kommunizieren können oder die zusätzliche Informationen erhalten." (Ott, 2010, S. 1)*

E-Books bieten viele Funktionen, die den Lernenden durch die Benutzung von Internetdiensten bekannt sind. Die Einbindung multimedialer Inhalte und die Möglichkeit einer Verlinkung zu Internetquellen machen die E-Books interessant für den Fernunterrichtskontext. Aber Ott sieht im Bereich der E-Books auch nachteilige Entwicklungen (vgl. ebd., S. 6):

- unterschiedliche E-Book-Dateiformate
- hohe Preise der E-Book-Reader
- Kopierschutz der elektronischen Bücher, sodass diese sich u. U. nicht auf neue Geräte übertragen lassen

Der Begriff E-Book ist, wie gerade dargestellt, ein Sammelbegriff für unterschiedliche Formate. Wang stellt diese häufig vom Vertreiber des jeweiligen E-Books entwickelten Formate vor und hebt dabei das EPUB hervor, das als offener Standard plattformübergreifend genutzt werden kann (vgl. Wang, 2010, S. 53 ff.). Im Folgenden wollen wir uns daher ebenfalls darauf konzentrieren.

Das EPUB-Format bietet besondere Funktionen, die es für einen Einsatz im Bereich der Bildung sehr interessant machen. Grundsätzlich passt sich das EPUB-Format verschiedenen Bildschirmgrößen an. Um das möglich zu machen, sind Schriften skalierbar und damit auf die eigene Lesegewohnheit anpassbar, sodass mit dem Format gleichzeitig die Lesbarkeit verbessert wird. Das Gleiche gilt auch für grafische Darstellungen, die sich stufenlos vergrößern lassen.

Des Weiteren ermöglicht das offene E-Book-Format analog zum Printmedium die Darstellung der Buchseiten mit Umblätterfunktion, die den Lesevorgang natürlicher erscheinen lässt. Eine sehr interessante Erweiterung stellt die Möglichkeit dar, mediale Elemente, z. B. (mithilfe von HTML5) Videos oder Animationen, direkt in den Text zu integrieren.[14)] Links zu Internetseiten lassen sich ebenfalls einbinden.

Attraktiv für einen Einsatz im Lernkontext sind auch die Textbearbeitungsmöglichkeiten. Die Lernenden können die Kommentarfunktion nutzen, um ihre Gedanken während des Lesens festzuhalten. Diese Notizen können im Anschluss nach Inhalten durchsucht sowie relevante Textstellen durch Lesezeichen markiert werden.

Zusammenfassend lässt sich sagen, dass das EPUB-Format attraktive Optionen für die Ergänzung des Studienmaterials bietet. In den vorherigen Kapiteln wurde darüber hinaus deutlich, dass es sinnvoll erscheint, sich die Funktionen eines Tablet-Computers in einem Fernstudienszenario zunutze zu machen. Im nächsten Kapitel soll daher eine Befragung klären, inwiefern die Studierenden der Hochschule ein Interesse an einer Veränderung ihres bestehenden Studienmodells haben. Damit wird ein wesentlicher Aspekt ermittelt, der für die didaktische Gestaltung eines Bildungsangebots zentral ist: die Interessen, Wünsche und Erwartungen der Zielgruppe.

---

14 Diese Möglichkeiten unterstützt das EPUB-Format seit der Version 3 (vgl. International Digital Publishing Forum, 2011).

4 Das Nutzerinteresse: Erwartungen von Fernstudierenden an eine Integration von Tablet-Computern in das Fernstudium

Mediale Neuentwicklungen lösten in der Geschichte des Fernlernens immer auch die Erwartung aus, dass der Lernprozess durch die Einbindung der neuen Technologien revolutioniert würde. Das stellte sich häufig als Trugschluss heraus. Die Methoden der Korrespondenz-Generation sind immer noch weit verbreitet. Viele Fernstudienanbieter setzen wie die APOLLON Hochschule immer noch das Studienheft als zentrales Lernelement ein. Die Entwicklung des Internets und die damit verbundenen Innovationen im Kommunikationsbereich haben Prozesse im Fernlernen allerdings in der Tat revolutioniert. Durch diese Neuentwicklungen steht in der Fernlehre heute eine beachtliche Methodenvielfalt zur Verfügung und auch das iPad könnte zum Erfolg im Lernprozess beitragen.

Die Forschungsfrage dieser Arbeit befasst sich mit den didaktischen und organisatorischen Rahmenbedingungen einer sinnvollen iPad-Einbindung in ein Fernstudienangebot. Diese Frage muss zwingend die Sichtweise der Anwender einbeziehen, um das Bildungsangebot zielgruppengerecht gestalten zu können. Die für diese Arbeit durchgeführte Befragung der Fernstudierenden sollte daher klären, mit welcher Erwartungshaltung sie der Einbindung eines iPads in das Fernstudium gegenüberstehen.

Die folgenden Fragen stehen dabei im Mittelpunkt: Welches Potenzial hat die Integration von iPads (mediale Möglichkeiten, Mobilität) in das Fernstudium aus Studierendensicht? Wie attraktiv ist seine Einbindung und welche organisatorischen Rahmenbedingungen assoziieren oder erwarten die Fernstudierenden?

Die Forschungsfrage wurde mithilfe der Hypothesen (vgl. Einleitung) konkret in Bezug auf folgende besonders wichtige Aspekte hin untersucht:

- Erwartungen von Fernstudierenden in Bezug auf mediale Elemente in Fernstudium und Studienmaterial
- Potenzial des iPads, die Attraktivität des Fernstudienangebots aus Sicht der Studierenden zu steigern

- organisatorische Rahmenbedingungen, die einen Einstieg in ein iPad-gestütztes Fernstudium aus Sicht der Studierenden erleichtern

4.1 Systematik und Methodik: Hintergrund und Auswahl der Stichprobe

Für die Untersuchung wurde eine private Fernhochschule der Klett-Gruppe ausgewählt: die APOLLON Hochschule der Gesundheitswirtschaft in Bremen, deren Studienangebot zum Zeitpunkt der Befragung (Mai 2011) aus jeweils drei Master- und Bachelor-Studiengängen sowie 18 kürzeren Zertifikatskursen bestand. Die Klett-Gruppe, ein Traditionsunternehmen im Bildungsbereich mit Schwerpunkt im Verlagswesen, ist auch auf dem Gebiet der Aus- und Weiterbildung sehr aktiv. Laut dem Jahresbericht des Unternehmens lernen und studieren jährlich mehr als 185.000 Personen in den bildungsvermittelnden Unternehmen der Gruppe (vgl. Ernst Klett Aktiengesellschaft, 2011, S. 16). Die Deutsche Weiterbildungsgesellschaft, der auch die APOLLON Hochschule der Gesundheitswirtschaft angehört, umfasst mit 13 Fernlehrinstituten den Hauptbestandteil des Aus- und Weiterbildungsbereichs der Klett-Gruppe (vgl. ebd.). Einige Unternehmen der Deutschen Weiterbildungsgesellschaft sind schon seit den 1950er-Jahren im (subakademischen) Fernunterricht tätig und verfügen damit über langjährige Erfahrung auf diesem Gebiet. Als erste Fernhochschule der Klett-Gruppe wurde die Wilhelm-Büchner-Hochschule in Darmstadt 1997 gegründet. Inzwischen gehören der Deutschen Weiterbildungsgesellschaft und damit der Klett-Gruppe vier Fernhochschulen an. Der Klett-Konzern gehört damit zu den größten deutschen Fernunterrichtsanbietern und ist für die vorgenommene Befragung im Fernlernkontext geeignet.

Die APOLLON Hochschule, eine Fernfachhochschule mit dem Schwerpunkt Gesundheitswirtschaft, wurde 2005 in Bremen gegründet und hatte zum Zeitpunkt der Untersuchung ca. 1.400 Studierende. Damit war für eine Befragung eine große Gruppe an Fernstudierenden zugänglich. Die Grundgesamtheit der Untersuchung bildeten die an der APOLLON Hochschule der Gesundheitswirtschaft eingeschriebenen Teilnehmerinnen und Teilnehmer an Studiengängen und auch Hochschulzertifikatskursen.[15] Insgesamt wurde

[15] Im Folgenden werden auch die Teilnehmerinnen und Teilnehmer an Hochschulzertifikatskursen, dem Sprachgebrauch an der APOLLON Hochschule folgend, Studierende genannt, auch wenn diese Zertifikatskurse nicht an eine Immatrikulation gebunden sind.

die Befragung an 1.164 Fernstudierende versendet. Nicht berücksichtigt wurden bei der Befragung Studierende, die bereits eine vorzeitige Beendigung ihres Studiums bekannt gegeben hatten.

4.1.1 Hintergrund der Befragung: Das Fernstudienmodell der APOLLON Hochschule

Um den Erfahrungshorizont zu erfassen, vor dem die Befragten an der Untersuchung teilgenommen haben, ist es wichtig zu verstehen, wie das Konzept des Fernunterrichts an der APOLLON Hochschule umgesetzt wird.[16] Die Hochschule setzt in den Fernstudienkursen auf einen Blended-Learning-Ansatz, der im Folgenden anhand eines Bachelor-Studiengangs erläutert wird. Dabei werden Lerninhalte in einer Mischung verschiedener Elemente vermittelt, bei der das Studienheft den überwiegenden Teil darstellt. Der Transfer des Gelernten erfolgt in Fall- und Projektaufgaben, die jeweils thematisch begrenzte Module abschließen. Der Lernprozess ist in ein zentrales Lernmanagementsystem, eine Online-Lernplattform, eingebettet, das den Fernstudierenden lernunterstützende Funktionen bietet. Dazu gehören die Bereiche Kommunikation, Information und Recherche, ein Teil des Lernprozesses wird auch auf dem sogenannten Online-Campus realisiert. Die Studierenden bearbeiten ihre Studienmaterialien zu Hause, werden über die Lernplattform dabei tutoriell betreut und erhalten nach Einsendung der Lösung von Fall-/Projekt- und Einsendeaufgaben dort auch Feedback und Noten. Das didaktische Konzept eines Bachelor-Studiengangs umfasst im Einzelnen folgende Elemente:

Lerninhalte

Das Curriculum ist modular aufgebaut, wobei ein Modul eine thematisch abgeschlossene Lerneinheit mit einem Workload von ca. 80 bis 120 Stunden ist. Folgende Elemente werden für die Vermittlung von Lerninhalten angeboten:

- Das Studienheft: In einem Bachelor-Studiengang werden ca. 120 Studienhefte eingesetzt. Diese sind im Zweifarbdruck gehalten. Die Studienhefte enthalten in der Regel Selbstüberprüfungsaufgaben sowie

16 Genaue Informationen zu allen Studienangeboten befinden sich auf der Webseite der Hochschule (http://www.apollon-hochschule.de/).

freiwillige Einsendeaufgaben, für deren Bewertung Tutorinnen oder Tutoren zuständig sind.

- E-Learning-Module: Computer oder Web Based Trainings werden in den Themengebieten eingesetzt, in denen Anschaulichkeit nicht oder nur in Kombination mit den Studienheften vermittelt werden kann, beispielsweise im Bereich von Kommunikationstechniken oder zur Erläuterung von Software.
- Fachbücher: Das Curriculum enthält auch einige Fachbücher, zumeist Grundlagenwerke wie Lexika oder Bücher zur Methodik im Fernstudium.
- Präsenzseminare: Je nach Aufbau des Studiengangs wird ungefähr ein Präsenzseminar pro Studienhalbjahr angeboten, in dem Themenkomplexe durch Rollenspiele, Gruppenprojekte und Unterricht vertieft werden.
- Online-Vorträge: In regelmäßigen Abständen werden ergänzende, aber auch verpflichtende Online-Seminare und Vorträge mit internen und externen Referenten angeboten.
- Lernmanagementsystem: Die Hochschule stellt über ihren Online-Campus zusätzliches Lernmaterial sowie Recherchemöglichkeiten in Form von Zugängen zu verschiedenen Wissensdatenbanken zur Verfügung.

Prüfungsleistungen

Die Prüfungen an der APOLLON Hochschule werden in unterschiedlicher Art und Weise absolviert:

- Fallaufgaben: Diese werden wie eine Hausarbeit von zu Hause bearbeitet. Sie enthalten anwendungsbezogene Aufgabenstellungen und werden den Fernstudierenden gemeinsam mit den Studienheften postalisch zugestellt.
- Präsenzklausuren: Einmal monatlich haben die Fernstudierenden die Möglichkeit, an verschiedenen Prüfungsorten in Deutschland, Österreich oder der Schweiz die im Curriculum enthaltenen Klausuren zu schreiben.

- Präsentationen: Diese erfolgen im Rahmen von Seminaren, Haus-, Gruppen- und Projektarbeiten.
- Abschlussarbeit: Am Ende des Studiums schreiben die Fernstudierenden eine Bachelorarbeit, betreut von einem Lehrenden der Hochschule.

Kommunikation

Neben den zuvor genannten Elementen haben auch kommunikative Prozesse einen hohen Stellenwert im didaktischen Konzept der Hochschule, wobei der zahlenmäßige Schwerpunkt auf asynchroner Kommunikation liegt:

- Asynchrone Kommunikation: Die Fernstudierenden kommunizieren mit den Tutoren und Tutorinnen per E-Mail und in thematischen Foren auf dem Online-Campus der Hochschule. Einsende- und Prüfungsaufgaben werden per E-Mail versendet und in den Foren finden inhaltliche Diskussionen statt. Diese Wege können die Befragten auch für die Kommunikation mit ihren Mitstudierenden nutzen.
- Synchrone Kommunikation: Die Fernstudierenden können in Online-Seminaren mit den Lehrenden oder externen Experten synchron kommunizieren. Telefonischer Kontakt erfolgt in der Regel nur mit der Hochschulverwaltung, nicht aber mit den Lehrenden. Ausnahme ist die Betreuung aufwändigerer Prüfungsleistungen (Projektarbeiten, Thesis).
- Persönlicher Kontakt: Dieser findet in den zumeist zweitägigen Präsenzseminaren ca. zweimal jährlich statt.

Ablauf des Studiums

Die Fernstudierenden erhalten die Studienmaterialien ihres Curriculums regelmäßig (alle 3 bis 4 Monate) im postalischen Versand. Bei der Bearbeitung der Studienhefte können sie für Fragen oder zur Unterstützung den Online-Campus nutzen. Dort können sie mit den Lehrenden und auch den Kommilitonen per E-Mail oder in den Foren in Kontakt treten. Über die Lernplattform versenden die Studierenden auch ihre Einsende- und Prüfungsaufgaben und erhalten ihre Bewertung durch die Tutorinnen und Tutoren.

Das modular aufgebaute Curriculum findet sich strukturell auch auf dem Online-Campus wieder. Hier werden zum Modul und den darin enthaltenen Lerninhalten passende weiterführende Informationen angeboten. Als Kontaktpersonen stehen den Fernstudierenden die Lehrenden der Hochschule für alle fachlichen Fragen und Diskussionen zur Verfügung. Für alle organisatorischen und technischen Fragen sind in der Hochschulverwaltung Ansprechpartner vorhanden.

4.1.2 Aufbau der Befragung

Die Befragung wurde als Online-Umfrage konzipiert. Im Rahmen eines Pretests wurde der entwickelte Fragebogen vorab an 21 Testpersonen versendet. Die im Pretest gesammelten Rückmeldungen (Rücklauf: 12 Personen) wurden für eine endgültige Überarbeitung des Fragebogens eingesetzt. Ein wichtiges Ergebnis des Pretests war die in einer abschließenden Bewertung mehrfach geäußerte Kritik, dass vielen der Fernstudierenden das iPad wahrscheinlich nicht vertraut ist und man den Befragungsteilnehmern und -teilnehmerinnen daher verdeutlichen sollte, dass eine Meinungsäußerung von ihrer Seite dennoch sehr erwünscht sei. Diese Anregung wurde in den Fragebogen mittels eines Informationstextes integriert. In dem Text wurden den Befragten die wichtigsten Informationen zum iPad erläutert, sodass sie in der Lage waren, im Rahmen der Befragung ihre Meinung zu äußern.

Weitere aus dem Pretest hervorgegangene Korrekturen bezogen sich auf eine Änderung bzw. Erweiterung des Skalenniveaus und eine Umbenennung der Bewertungspole.

Die Befragung[17)] war im Endergebnis wie folgt aufgebaut:

I Einleitung und Instruktion 1: Da die Befragung organisatorisch in das Evaluationssystem der Hochschule eingebettet war, erfolgte zu Beginn der Befragung eine Einleitung, in der die Hochschule die Fernstudierenden aufforderte, ihre Meinung und Wünsche zum Themenbereich „Medien im Fernstudium“ abzugeben.

II Fragenblock 1: Fragen zur Sozialstatistik (Geschlecht, Alter, Beruf, belegtes Studienangebot) leiteten den ersten Fragenblock ein. Im weiteren Verlauf wurden die Teilnehmerinnen und Teilnehmer zu folgenden Themen befragt:

- elektronische Kommunikationsgeräte: Vertrautheitsgrad, Nutzung
- Studienorte im Fernstudium

17 Der vollständige Fragebogen befindet sich im Anhang.

- Medien im Fernstudium: Präferenzen, mögliche Ergänzung der Studienmaterialien
- Faktoren für den Lernerfolg
- Kontakte im Fernstudium: Präferenzen, Kontaktwege, Frequenz

III Instruktion 2: Erläuterung zur Einführung der Befragten in das Thema „iPad im Fernstudium". Da aus dem Pretest die Vermutung hervorging, dass das iPad zum Zeitpunkt der Befragung noch nicht allen Studierenden bekannt war, wurden an dieser Stelle des Fragebogens das iPad und seine Eigenschaften vorgestellt. Eine Abbildung des Geräts ergänzte die Erläuterung.

IV Fragenblock 2: Die Fragen im diesem Teil befassten sich mit unterschiedlichen Aspekten des Themas „Integration des iPads in das Fernstudium".

V Abschluss: Dank an die Teilnehmer und Teilnehmerinnen der Befragung

Auswahl der Fragetypen: Je nach inhaltlicher Ausrichtung der Fragen wurden unterschiedliche Fragetypen verwendet.

Tabelle 4.1: Häufigkeit der Fragetypen

Fragetyp	Likert-Frage	Offene Frage	Single Choice	Multiple Choice	Summe
Anzahl	58	18	14	4	94

Für Fragen, in denen Präferenzen und Bewertungen geäußert werden sollten, wurde in der Regel eine Likert-Skala mit fünf Merkmalsausprägungen sowie einer Möglichkeit zur Enthaltung verwendet. Mit den fünf Optionen, die z. B. bei Bewertungsfragen von „sehr wichtig" bis „gar nicht wichtig" reichten, wurde den Befragten die Möglichkeit gelassen, auch eine unentschiedene Antwort zu geben. Dieser Fragetyp wurde gewählt, da in der Befragung der Fokus auf den Erwartungen und Wünschen der Fernstudierenden und ihren Einschätzungen in Bezug auf verschiedene Gestaltungsaspekte des Fernstudiums lag. Um ggf. auch zusätzliche Meinungen in Erfahrung zu bringen, welche die Studierenden nicht im Rahmen der oben genannten Fragetypen einbringen konnten, wurden viele Fragen durch eine offene Fragestellung ergänzt. Mit dieser Kombination und auch der Möglichkeit, sich unentschieden zu äußern, war beabsichtigt, die größtmögliche Offenheit und eine entspannte Einstellung der Befragungsteilnehmer und -teilnehmerinnen zu erreichen. Dies war von besonderer Wichtigkeit, da – wie angemerkt – bei den Fragen, die das iPad zum Thema hatten, mit einem geringen Grad an Vorerfahrungen zu rechnen war. Die Studierenden sollten sich möglichst unbeeinflusst zu den Themen äußern. Mithilfe der offenen Frage sollte bei einigen Items das Antwortbild ergänzt werden.

Als weiterer Fragetyp wurde in der Untersuchung die Multiple-Choice-Frage verwendet, wenn mehrere Antworten möglich waren, z. B. bei der Frage nach der Verwendung von Kommunikationsgeräten im Studium. Durch diesen Fragetyp ließen sich die Merkmalsausprägungen vorab bestimmen. Das Gleiche galt für die Single-Choice-Fragen, bei denen die Befragten aus zwei oder mehr Alternativen eine auswählen mussten. Aber auch die Multiple- und Single-Choice-Fragen wurden z. T. durch offene Fragen ergänzt, um ggf. Antworten mit aufzunehmen, die bei der Planung dieser Items übersehen worden waren. Des Weiteren wurden offene Fragen immer dann eingesetzt, wenn es um Ideen und Vorstellungen der Fernstudierenden ging, beispielsweise zu einem möglichen Studienmodell mit Integration des iPads.

Bei der abschließenden Auswertung der Ergebnisse wurde die prozentuale Verteilung der Antworten ohne Einbeziehung der Enthaltungen und der fehlenden Werte errechnet, damit das Ergebnis nicht durch diese relativiert wird. Eine weitere für die Fragen mit Likert-Skala genutzte Methode der Dateninterpretation ist der Vergleich der Mittelwerte (mw), der im Grunde genommen für die Bewertung von Ordinalskalen nicht optimal ist. Da hier jedoch Skalen mit Bewertungen zwischen den Extrempositionen 1 und 5 verwendet wurden, bei denen von vergleichbaren Abständen innerhalb der Skala ausgegangen werden kann, wurde der Mittelwert hier trotzdem als aussagekräftig interpretiert.

4.1.3 Fragebogengestaltung: Hintergrundfragen (Fragenblock 1)

Die Befragung im Rahmen dieser Arbeit verfolgte mehrere Ziele. In erster Linie sollte sie Erkenntnisse zu den thematischen Arbeitshypothesen liefern (vgl. Kap. 4.1.4). Zur Beurteilung und Einordnung der Ergebnisse sollten darüber hinaus, neben allgemeinen Fragen zur Person, weitere Aspekte wie Vertrautheit und Einstellung der Teilnehmenden in Bezug auf verschiedene elektronische Kommunikationsmedien und -kanäle geklärt werden.

Folgende Fragen waren diesen Hintergrundüberlegungen zugeordnet: Um Nutzungsgewohnheiten der Fernstudierenden im Bereich der Kommunikationsmedien abschätzen zu können, wurde gefragt, in welchem Ausmaß sie mit verschiedenen elektronischen Kommunikationsgeräten vertraut sind und auf welche Weise und wie intensiv sie diese im Fernstudium nutzen. Weiterhin wollte der Fragebogen Studiergewohnheiten eruieren, um daraus ggf. abzuleiten, ob das iPad für die Fernstudierenden mit ihren jetzigen Studiengewohnheiten eine interessante und sinnvolle Option darstellen könnte. Fragen nach dem Ort, an dem die Fernstudierenden ihr Studienmaterial lesen, lassen zudem Rückschlüsse darauf zu, wie ausgeprägt die Mobilität der Fernstudierenden in Bezug auf ihre Lernaktivitäten ist. Man könnte erwarten, dass die „mobileren“ Studierenden auch einen größeren Nutzen in der Einbindung von Tablet-Computern sehen. Interessant für die Analyse des Lernverhaltens waren außerdem Faktoren, die die Fernstudierenden selbst als entscheidend für ihren Lernerfolg ansehen.

4.1.4 Fragebogengestaltung: Operationalisierung der Forschungshypothesen (Fragenblock 2)

Die zentralen Teile der Befragung sollten dazu beitragen, die Forschungsfrage dieser Arbeit zu untersuchen: Welche didaktischen und organisatorischen Rahmenbedingungen müssen gegeben sein, um eine sinnvolle Einbindung des iPads in ein Fernstudienangebot zu erreichen?

Zum Zeitpunkt der Untersuchung existierte noch kein spezifisches Studienangebot mit Integration des iPads an der untersuchten Hochschule, sodass die Befragung in erster Linie nicht Erfahrungen, sondern Erwartungen, Bewertungen und Wünsche der Fernstudierenden fokussierte. Mithilfe der folgenden Arbeitshypothesen sollten einige dieser Aspekte vertiefend betrachtet werden.

Hypothese 1: Studierende erwarten multimediale Elemente in ihrem Fernstudium und in den Studienmaterialien.

Die Überprüfung dieser Aussage sollte Aufschluss darüber geben, ob die Fernstudierenden eine multimediale Aufbereitung ihres Fernstudiums wünschen. Darüber hinaus versuchte die Befragung zu spezifizieren, wie hoch das entsprechende Interesse ist und welche Art der medialen Aufbereitung des Fernstudiums die Studierenden begrüßen würden. Dabei wurden die Befragungsteilnehmer und -teilnehmerinnen zu einer möglichen multimedialen Ergänzung des bislang gedruckten Studienmaterials, aber auch zu Kommunikationsaspekten befragt. Wie erläutert, ist der (medial vermittelten) Kommunikation eine besondere Bedeutung im Fernunterrichtsszenario beizumessen.

Folgende Fragen wurden zur Operationalisierung dieser Hypothese herangezogen: Die Teilnehmer und Teilnehmerinnen wurden zu einer Bewertung unterschiedlicher Medien in einem Fernstudienkonzept aufgefordert. Als Antworten hatten die Fernstudierenden sowohl aus ihrem Studium bekannte als auch neue Medien zur Auswahl: gedrucktes Studienmaterial, Studienmaterial in elektronischer Form (z. B. PDF- oder E-Book-Format), CD-ROMs mit Lernprogrammen, webbasierte Lernprogramme, Verlinkungen zu relevanten Internetseiten, Podcasts (Vorlesungen/Vorträge zum Anhören, z. B. auf dem MP3-Player), Online-Vorträge, Lernvideos, Sonstige.

Diese Frage sollte Aufschluss darüber liefern, welche Art von Studienmaterial die Studierenden bevorzugen. Sie ist aber auch zentral für die Überprüfung der ersten Hypothese. Zur Einschätzung der Ergebnisse muss folgender Hintergrund deutlich sein: Die APOLLON Hochschule setzt, wie dargestellt, für die Distribution der Lerninhalte ein Blended-Learning-Konzept ein, bestehend aus gedrucktem Studienmaterial, webbasierten Lernprogrammen und Präsenzseminaren. Die Vermittlung von Wissen erfolgt jedoch hauptsächlich über Studienhefte – dieses Medium stellt den größten Anteil des Lernmaterials im Lernprozess dar. Daher ist es interessant, bei der Befragung darauf zu achten, ob diese Lerngewohnheiten einen Einfluss auf das Ergebnis haben.

Vonseiten der Hochschule wäre es denkbar, diese Materialien auch in elektronischer Form anzubieten. Eine weitere Frage zielte daher darauf ab, zu erfahren, wie sich die Befragungsteilnehmerinnen und -teilnehmer ggf. eine mediale Ergänzung ihrer Studienmaterialien vorstellen. Die jeweiligen Optionen, z. B. Animationen, Integration von Videos, Verlinkungen, sind den Fernstudierenden (je nach Hintergrundwissen und Studienfortschritt) aus den im Studium eingesetzten Lernprogrammen bekannt. Die Ergebnisse können unter Umständen eine gute Grundlage für eine Entwicklung oder Umgestaltung von Studienmaterialien darstellen.

Da die mediale Gestaltung kommunikativer Prozesse im Fernstudium bei der Konzeption von Lernangeboten (aufgrund der Distanz zwischen Lernenden und Lehrenden) immer als wichtiger Planungsfaktor bedacht werden sollte, zielten einige Fragen auf diesen Aspekt ab. Die Teilnehmenden wurden befragt, wie wichtig ihnen die Kontakte im Studium (bezogen auf unterschiedliche Personengruppen) sind, aber auch, wie sie unterschiedliche Kontaktwege bewerten und wie oft sie diese nutzen. Die Fragen zum Kontaktverhalten und zur Einschätzung der Wichtigkeit zielten auch darauf ab, zu erforschen, inwieweit bei den Fernstudierenden Bedürfnisse bestehen, im Studium mit ihren Kommilitonen und Kommilitoninnen oder den Lehrenden in Kontakt zu treten. Für die Neukonzeption eines Studienangebots unter Einbindung eines Tablet-Computers können diese Fragen Aufschluss darüber geben, ob die bestehenden Kontaktwege genutzt werden können und ob man hier ggf. über weitere Interaktionsangebote nachdenken sollte.

> Hypothese 2.1: Die Integration eines iPads in das Konzept eines Fernstudienangebots steigert die Attraktivität des Angebots aus Sicht der Studierenden.

In der Befragung sollte auch überprüft werden, ob die Fernstudierenden eine Integration des iPads in ihr Studium als Bereicherung empfinden würden. Die Ergebnisse wären ein wichtiger Indikator für die Akzeptanz eines derartigen Fernstudienangebots. Um einzuschätzen, wie attraktiv ein iPad-Fernstudienangebot aus Sicht der Befragten ist, wurden sie aufgefordert, sich für ein denkbares Studienangebot zu entscheiden. Dabei wurden das bisherige Studienmodell der Hochschule und ein Studienangebot, das das iPad enthält, einander gegenübergestellt. In einer offenen Rubrik konnten die Studierenden zudem eigene Modelle aufführen. Da die Hochschule zum Befragungszeitpunkt noch nicht über Studienangebote mit integriertem iPad verfügte, konzentrierte sich der Fragebogen auf Erwartungshaltungen und Einschätzungen. Die Teilnehmenden bewerteten dabei verschiedene denkbare Einsatzmöglichkeiten des iPads im Fernstudium. Dabei wurden die an der Hochschule bekannten Studienmethoden auf das iPad übertragen, um den Fernstudierenden die Vorstellung der Einbindung zu erleichtern. Die dahinterstehende Vision sollte von den Befragten in Bezug auf folgende Einzelheiten bewertet werden:

- Ausstattung des iPads mit Studienmaterialien
- mediale Ergänzung der auf dem iPad verfügbaren Studienhefte
- Nutzung des Hochschul-Online-Campus über das iPad
- Kommunikationsmöglichkeiten mit Tutoren und Mitstudierenden

Mit diesen Fragen sollte den Teilnehmern und Teilnehmerinnen an dieser Stelle der Befragung eine Vorstellung davon vermittelt werden, wie die Integration des iPads in ein Studienangebot gestaltet sein könnte. Vor diesem Hintergrund wurden sie zu weiteren Einschätzungen in Bezug auf das iPad aufgefordert. Sie sollten sich dazu äußern, inwiefern sich das Studium und auch ihre Meinung über das Studium durch einen Einsatz des iPads verändern würden. Zudem wurden sie in diesem Zusammenhang danach befragt, inwiefern das iPad die Attraktivität des Studiums steigere und ob sie eine Einbindung des Geräts begrüßen und dadurch positive Effekte erwarten würden. Die letzten Fragen dienten direkt zur Prüfung der Hypothese. Um die Studierenden nicht einseitig zu beeinflussen, gab es im Rahmen dieser thematischen Fragengruppe auch Fragen mit einer neutralen oder negativen Bewertung. So sollten die Aussagen „Ich lese meine Materialien lieber in Papierform“ und „Das iPad wird das Studium nicht erleichtern“ einer Beeinflussung entgegenwirken. Die Fernstudierenden wurden im Verlauf der Befragung noch konkreter im Hinblick auf ihre Veränderungserwartungen befragt. Sie sollten Thesen bewerten, die sich mit verschiedenen Aspekten der Einbindung befassten, z. B. in Bezug auf eine Erleichterung der Organisation des Studiums, ortsunabhängiges Lernen, zusätzlichen Zeitaufwand, Modernität des Studienkonzepts oder die Erleichterung von Kommunikation. Auch hier wurde eine Mischung aus positiven und negativen Erwartungen gewählt, um eine einseitige Beeinflussung zu verhindern.

> Hypothese 2.2: Studierende sind bereit, für ein Fernstudienangebot mit einem iPad einen höheren Preis zu bezahlen.

Diese Hypothese soll die Akzeptanz eines derartigen Studienangebots mithilfe eines wichtigen Indikators konkretisieren. Die monetäre Bewertung der Fernstudierenden wird als aussagekräftig für den Nutzen, den sie dieser Neuerung beimessen, interpretiert und kann für einen Fernstudienanbieter ein wichtiger Hinweis für die Konzeption und Kalkulation einer Bildungsmaßnahme sein. Die Fernstudierenden wurden zum einen danach befragt, ob sie bereit wären, für ihr Studium einen höheren Preis zu zahlen, wenn ein iPad im Preis inbegriffen wäre, aber auch ganz konkret nach ihrer Vorstellung von einer möglichen Preiserhöhung. Auch an diesen Preisvorstellungen lässt sich ablesen, welchen Stellenwert die Einbindung eines iPads aus Sicht der Befragten hat.

> Hypothese 3: Studierende erwarten in einem Fernstudium mit integriertem iPad eine Schulung in Bezug auf die Nutzung.

Die letzte Hypothese soll prüfen, welche organisatorischen Bedingungen aus Sicht der Fernstudierenden einen Einstieg in ein iPad-gestütztes Fernstudium erleichtern würden. Konkret wurde gefragt, welche Art der Einführung in das Studium sich die Teilnehmenden wünschen. Darüber hinaus wurden sie befragt, welche Inhalte in dieser Einführung behandelt werden sollten und welche Art von anschließendem Support aus ihrer Sicht wünschenswert wäre.

4.1.5 Durchführung der Befragung

Die Befragung wurde im Mai 2011 als Online-Umfrage mithilfe der von der Hochschule verwendeten Evaluationssoftware „EvaSys" durchgeführt. Die Befragungsteilnehmerinnen und -teilnehmer erhielten über den Online-Campus der Hochschule eine Einladung mit einem Link zur Befragung (anonymisiert durch ein TAN-Verfahren). Insgesamt wurden 1164 Fernstudierende angeschrieben. Die Online-Umfrage war 18 Tage für eine Beantwortung geöffnet.

Nach der Hälfte der Zeit forderte eine Erinnerungsmail erneut zur Teilnahme an der Befragung auf. Die Ergebnisse wurden aus dem Evaluationssystem „EvaSys“ zur Auswertung exportiert, mit dem Programm „IBM SPSS Statistics 19“ ausgewertet und ergänzend mit „Microsoft Excel“ grafisch umgesetzt.

4.2 Befragungsergebnisse

Die Befragung erreichte mit 371 Teilnehmerinnen und Teilnehmern einen Rücklauf von 32 %. Die Ergebnisse waren im Einzelnen wie folgt:

4.2.1 Befragungsteilnehmer und -teilnehmerinnen

Die Alters- und Geschlechtsverteilung der Befragten lässt sich anhand der folgenden Tabelle erkennen.[18)]

Tabelle 4.2: Alters- und Geschlechtsverteilung der Befragten

Alters- und Geschlechtsverteilung			Geschlecht		Gesamt
			weiblich	männlich	
Alter	18–25	Anzahl	48	12	60
		% innerhalb von Geschlecht	20,6	9,8	16,9
	26–30	Anzahl	61	28	89
		% innerhalb von Geschlecht	26,2	23,0	25,1
	31–40	Anzahl	72	53	125
		% innerhalb von Geschlecht	30,9	43,4	35,2
	41–50	Anzahl	45	22	67
		% innerhalb von Geschlecht	19,3	18,0	18,9
	51 und älter	Anzahl	7	7	14
		% innerhalb von Geschlecht	3,0	5,7	3,9
gesamt		Anzahl	233	122	355
		% innerhalb von Geschlecht	100,0	100,0	100,0

Etwa zwei Drittel (233 von 355) der Befragten waren weiblich und die Altersklasse zwischen 31 und 40 Jahren war mit ca. 35 % am stärksten vertreten. Die weitaus meisten Teilnehmerinnen und Teilnehmer der Befragung (über 80 %) sind an der Hochschule in einem Bachelor-Studiengang immatrikuliert, wie Tabelle 4.3 zeigt.

18 Anmerkung: Bei einigen Fragen haben nicht alle Befragten eine Angabe gemacht, daraus resultiert eine geringere Gesamtanzahl an Befragten.

Tabelle 4.3: Verteilung nach Studienangebot

Welches Studienangebot nutzen Sie an der Hochschule?		Geschlecht		Gesamt
		weiblich	männlich	
Hochschul-zertifikatskurs	Anzahl	13	6	19
	% innerhalb von Geschlecht	5,6	4,9	5,4
Bachelor-Studiengang	Anzahl	198	91	289
	% innerhalb von Geschlecht	85,0	74,6	81,4
Master-Studiengang	Anzahl	22	25	47
	% innerhalb von Geschlecht	9,4	20,5	13,2
gesamt	Anzahl	233	122	355
	% innerhalb von Geschlecht	100,0	100,0	100,0

Sehr interessant ist auch der berufliche Hintergrund der Fernstudierenden. Um die Antworten der offenen Frage nach dem beruflichen Hintergrund auswerten zu können, wurden die Antworten Kategorien zugeordnet (Gesundheit/Soziales, Wirtschaft, Verwaltung, IT und Sonstige). Wie Abbildung 4.1 zeigt, stammen über drei Viertel der Befragten (77 %), die Angaben zu ihrem Beruf gemacht haben, aus dem Sektor Gesundheit/Soziales. Weitere 11 % sind in verschiedenen Bereichen der Wirtschaft tätig.

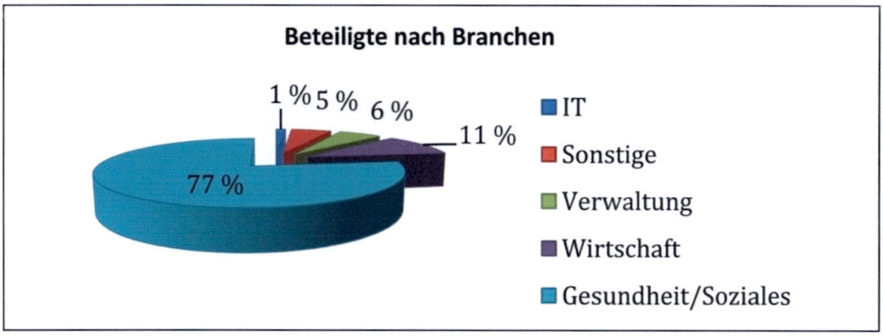

Abb. 4.1: Befragte nach Berufsbildern (316 von 371 Befragten haben eine Angabe zu ihrem Beruf gemacht)

Die APOLLON Hochschule hat sich auf Aus- und Weiterbildung im Bereich des Gesundheitswesens spezialisiert. Diese Ausrichtung spiegelt sich hier deutlich wider: Weniger als ein Viertel der Befragten sind als branchenfremd zu bezeichnen, arbeiten also nicht in der Gesundheitswirtschaft oder im Sozialbereich. Diese Zusammensetzung ist im Hinblick auf demografische Werte und auf den beruflichen Hintergrund als spezifisch anzusehen.

4.2.2 Ergebnisse der Hintergrundfragen

Im Rahmen des Fragenblocks 1 wurden die Teilnehmerinnen und Teilnehmer zu Themen befragt, die mit ihren Studiergewohnheiten und ihrer Mediennutzung im Zusammenhang standen. Mit diesen Fragen, die nicht direkt zur Klärung der Arbeitshypothese beitrugen, sollten Erkenntnisse gewonnen werden, vor deren Hintergrund die Ergebnisse besser bewertet werden konnten. Um beurteilen zu können, inwiefern die Fernstudierenden bislang mobil studieren, können die Antworten auf die Frage nach den Studienorten herangezogen werden.

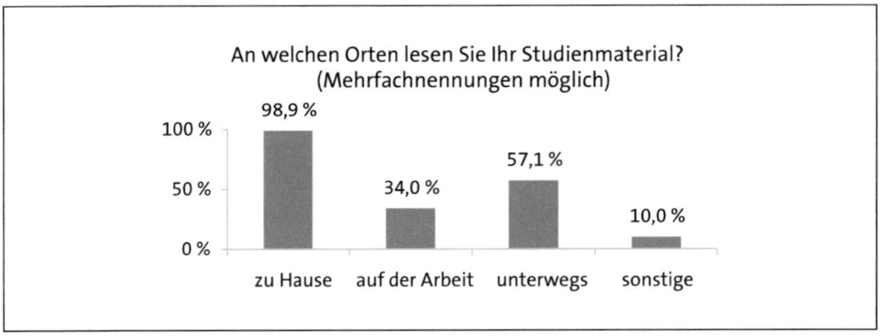

Abb. 4.2: Bevorzugte Studienorte

Aus der Auswertung der Fragen ergibt sich, dass 98,9 % der Befragten ihr Studienmaterial zu Hause lesen, 57,1 % lesen es auch unterwegs und rund 34 % auf der Arbeit.[19] Mehr als die Hälfte der Teilnehmerinnen und Teilnehmer nutzen also schon zum jetzigen Zeitpunkt die Möglichkeit, ihr Studium organisatorisch an ihre Reise- und Arbeitsgewohnheiten anzupassen. Es ist zu untersuchen, ob diese Gruppe sich von einer Integration des iPads in das Studium mehr positive Impulse erhofft als diejenigen, die nur zu Hause studieren (vgl. Auswertung in Kap. 4.3). Sehr aufschlussreich fiel auch die Bewertung der Faktoren aus, die die Befragten als wichtig für ihren Lernerfolg einstuften. In Abbildung 4.3 wird dies deutlich. Anhand der Mittelwerte und der prozentualen Verteilung lässt sich sagen, dass die Fernstudierenden die folgenden vier Faktoren für die bedeutsamsten hielten:

19 Bei dieser Frage waren Mehrfachnennungen möglich.

- Lesen der Studienhefte (84,6 % der Befragten bewerteten es mit „sehr wichtig“ und weitere 11,7 % mit „wichtig“; zusammen 96,3 %)
- Lernen für Prüfungen (74,0 % und 20,5 %; zusammen 94,5 %)
- Prozess der Bearbeitung von Prüfungsarbeiten, z. B. Hausarbeiten, Thesis (68,4 % und 25,9 %; zusammen 94,3 %)
- Recherche im Internet (51,0 % und 37,6 %; zusammen 88,6 %)

Die anderen Faktoren wurden im Mittelwert zwar auch noch wichtiger als „unentschieden“ (Zahlenwert 3) gewertet, wie Abbildung 4.3 zeigt, aber im Vergleich dominieren hier die oben genannten drei „klassischen“ Fernunterrichtsmethoden und die Recherche im Internet.

Den Kontakt zu den Lehrenden bewertet eine Mehrheit von 57 % der Fernstudierenden (24,9 %: „sehr wichtig“, 32,1 %: „wichtig“) als bedeutsam in Bezug auf den Lernerfolg. Die Kommunikation der Studierenden untereinander empfinden zusammen 43,6 % als „sehr wichtig“ bzw. „wichtig“. Im Vergleich zu den oben genannten Zahlen werden kommunikative Prozesse zwar von wenigen Fernstudierenden als entscheidend für den Lernerfolg genannt, die Werte bezeugen aber, dass der Kommunikation dennoch ein großer Stellenwert eingeräumt wird.

Die Bewertungen der Fernstudierenden geben ihre an der Hochschule gesammelten Erfahrungen wider. Die Studierenden der APOLLON Hochschule bewerten damit auch die im Studium primär verwendeten Elemente des Lernprozesses (Lesen der Studienhefte, Lernen für Prüfungen und Bearbeitung von Prüfungsaufgaben) als besonders förderlich für ihren Lernerfolg.

Die Prioritäten bei den Recherchemöglichkeiten (Recherche im Internet wird von einer deutlichen Mehrheit von 88,6 % für mindestens „wichtig“ gehalten; Vergleich Bibliotheken vor Ort: 36,1 %) könnten auch auf die spezifischen Bedingungen des Fernstudiums (Lernen von zu Hause mithilfe von PC/ Notebook und Internet) zurückzuführen sein. Allerdings müsste man hier einen Vergleich zu Studierenden einer Präsenzhochschule heranziehen, um verlässliche Aussagen treffen zu können.

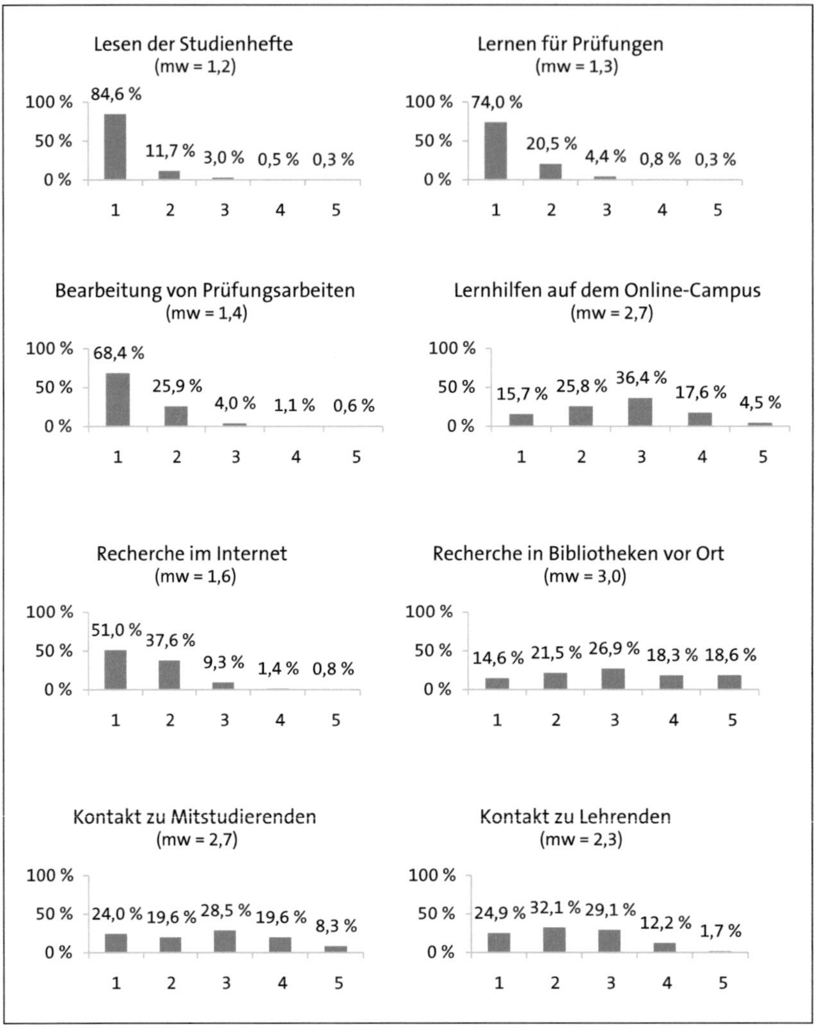

Abb. 4.3: Verschiedene Aspekte der Frage „Wie wichtig sind folgende Faktoren für Ihren Lernerfolg im Fernstudium?" (1 = „sehr wichtig", 2 = „wichtig", 3 = „unentschieden", 4 = „eher unwichtig", 5 = „gar nicht wichtig"; mw = Mittelwert)

4.2.3 Kenntnisstand der Fernstudierenden in Bezug auf das iPad und seine Handhabung

Die Fernstudierenden wurden befragt, wie vertraut ihnen verschiedene elektronische Kommunikationsgeräte sind. Dabei wurde eine Fünfer-Skala von „sehr vertraut“ (Wert 1) bis „gar nicht vertraut“ (Wert 5) gewählt. Die berechneten Mittelwerte der unterschiedlichen Geräte sind aussagekräftig. Während Computer (Mittelwert = 1,5) und Notebooks (Mittelwert = 1,6) zu den Geräten gehören, die die Fernstudierenden als eher vertraut bezeichnen, weisen die Antworten zur Option „iPad“ mit einem Mittelwert von 4,2 eine sehr geringe Vertrautheit aus. Ähnlich unbekannt sind andere Tablet-PCs und E-Book-Reader.

Tabelle 4.4: Vertrautheit mit unterschiedlichen Kommunikationsgeräten

Wie vertraut sind Ihnen die folgenden elektronischen Geräte, die Sie im Fernstudium nutzen könnten?			
	Anzahl gültiger Antworten	**Mittelwert**	**Standardabweichung**
Computer (PC oder Mac)	366	1,4699	0,76779
Notebook	360	1,5972	0,97974
Smartphone (mit Internetzugang)	329	3,1884	1,64383
iPad	303	4,1518	1,29571
Anderer Tablet-PC (z. B. Samsung Galaxy)	289	4,5329	1,00336
E-Book-Reader (z. B. Kindle)	301	4,2791	1,25772
MP3-Player	326	2,2178	1,44599

In der grafischen Gegenüberstellung der Ergebnisse zu den Ausprägungen „Computer (PC oder Mac)“ und „iPad“ wird dieses Verhältnis noch deutlicher. Etwa 63 % der Befragten bezeichnen das iPad als „gar nicht vertraut“, während der Computer mit 65,8 % als „sehr vertraut“ gewertet wird.

Dieses Ergebnis ist bedeutsam im Hinblick auf die Interpretation der weiteren Fragen und kann auch zur Bewertung herangezogen werden. Aufschlussreich wäre die Betrachtung, ob sich Personen, die mit dem iPad nicht vertraut sind, in Bezug auf ihre Erwartungen anders äußern als diejenigen, die ggf. durch den Gebrauch des iPads schon in ihren Einschätzungen beeinflusst wurden.

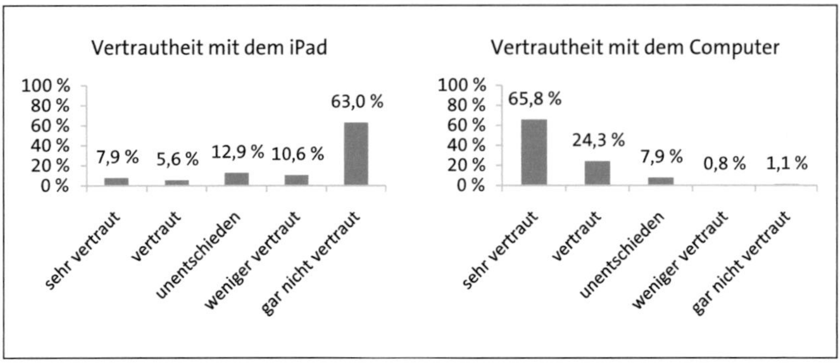

Abb. 4.4: Vertrautheit mit iPad und Computer in der Gegenüberstellung

4.2.4 Erwartungen und Wünsche der Fernstudierenden in Bezug auf die mediale Gestaltung eines Fernstudiengangs

In Anbetracht der Tatsache, dass die Befragungsteilnehmer und -teilnehmerinnen an der APOLLON Hochschule im Blended-Learning-Mix studieren, in dem gedruckte Studienhefte bei der Vermittlung von Lerninhalten vorherrschen, ist es interessant zu betrachten, wie die Befragten die (zum Teil ebenfalls in den Curricula enthaltenen) weiteren Medien beurteilen.

> Hypothese 1: Studierende erwarten multimediale Elemente in ihrem Fernstudium und in den Studienmaterialien.

Diese sehr allgemein formulierte Hypothese wurde in der Befragung differenziert. Zunächst wurden die Teilnehmer und Teilnehmerinnen gefragt, welche Medien ihnen in einem Fernstudienkonzept wichtig wären, vorausgesetzt sie hätten die Wahl. Dabei standen neben dem gedruckten Studienmaterial verschiedene multimediale Ergänzungsvarianten zur Auswahl, z. B. Studienmaterial in elektronischer Form, CBT und WBT oder Online-Vorträge. Ein interessantes Ergebnis bei dieser Frage ist die Wichtigkeit, die die Fernstudierenden dem Studienheft beimessen: 92,1 % empfinden das gedruckte Studienmaterial für ein Fernstudienkonzept als „wichtig" oder „sehr wichtig" (der Mittelwert liegt bei 1,3 und der Median bei 1). Dieses Ergebnis entspricht in seiner Eindeutigkeit der bereits gewonnenen Erkenntnis, dass das Lesen der Studienhefte von den Fernstudierenden als wichtigster Faktor für ihren Lernerfolg bewertet wird (vgl. Kap. 4.2.2). Wie bereits erwähnt, ist das

Studienheft Hauptbestandteil des Fernunterrichtskonzepts der APOLLON Hochschule und den Befragten daher vertraut. Dieser Umstand erklärt vielleicht die Eindeutigkeit, mit der dieses Item bewertet wurde. Das Ergebnis korrespondiert mit dem Resultat der durch die International University of Applied Sciences durchgeführten Untersuchung „Trendstudie Fernstudium 2011“, in der Fernstudierende verschiedener Anbieter u. a. zur Relevanz von Lernformaten und -formen im Fernstudium befragt wurden. Auch in dieser Studie wird der gedruckte Studienbrief von den Studierenden für das wichtigste Lernmittel gehalten (vgl. Thuy, Höllermann, 2011, S. 14). Tabelle 4.5 zeigt die Bewertungen der Befragten zum gedruckten Studienheft und sieben verschiedenen multimedialen Elementen im Vergleich. Der Vergleich der Mediane, die aussagen, welcher Wert in der Mitte der geordneten Antworten liegt, zeigt die bereits oben angesprochene Tendenz: Die Antworten zum Studienheft liegen in Bezug auf den Median bei 1, die anderen multimedialen Elemente weisen einen Median von 2 auf.

Tabelle 4.5: Ergebnisse zur Wichtigkeit verschiedener Medien in einem Fernstudienkonzept (Hellgrau markierte Optionen werden im Text mit dem Begriff „multimediale Elemente“ zusammengefasst.)

Stellen Sie sich vor, Sie könnten in Ihrem Fernstudium zwischen verschiedenen Medien wählen. Wie wichtig wären Ihnen folgende Medien in einem Fernstudienkonzept? (1 = „sehr wichtig“, 5 = „gar nicht wichtig“)					
	Anzahl gültiger Antworten	**Minimum**	**Maximum**	**Mittelwert**	**Median**
gedrucktes Studienmaterial	368	1	5	1,3098	1
Studienmaterial in elektronischer Form (z. B. PDF- oder E-Book-Format)	365	1	5	2,3616	2
CD-ROMs mit Lernprogrammen	361	1	5	2,4543	2
webbasierte Lernprogramme	348	1	5	2,4626	2
Verlinkungen zu relevanten Internetseiten	365	1	5	2,0137	2
Podcasts (Vorlesungen/Vorträge zum Anhören, z. B. auf dem MP3-Player)	355	1	5	2,4817	2
Online-Vorträge	359	1	5	2,2173	2
Lernvideos	352	1	5	2,3239	2

Die Bewertungen der anderen multimedialen Elemente zeigen, wenn man sie mithilfe des Mittelwerts genauer betrachtet und den Ausreißer „Studienheft“ einmal nicht berücksichtigt, Werte, die zwischen „wichtig“ (2) und „unentschieden“ (3) liegen. Von diesen wurde das Item „Verlinkungen zu relevanten Internetseiten“ mit einem Mittelwert von 2,0 am positivsten beurteilt, gefolgt von „Online-Vorträgen“ (2,2). Diese beiden medialen Bestandteile sind ebenfalls Teil des Blended-Learning-Konzepts der Hochschule, sodass die Befragten auch hier die Wichtigkeit aufgrund eigener Erfahrungen bewerten konnten. Insgesamt kann aber festgehalten werden, dass der Mittelwert der Bewertungen bei allen multimedialen Elementen positiver ist als die Option „unentschieden“, die mit dem Wert 3 gleichzusetzen ist. Diese im Schnitt positive Bewertung lässt sich als Hinweis darauf deuten, dass multimediale Elemente von den Befragten sehr wohl als wichtig im Fernstudium gewertet und damit dort auch als Element erwartet werden.

Um die erste Hypothese noch anderweitig zu überprüfen, wurden bei der weiteren Auswertung die Antworten zu der Frage nach der Bewertung der Medien in einer neuen Variablen („Multimedia-Befürwortung“) zusammengefasst. Dabei wurden die Befragten zusammengerechnet, die mindestens eines der multimedialen Elemente mit „sehr wichtig“ oder „wichtig“ bewertet hatten und damit zu denen gezählt werden können, die dieses Element im Fernstudium erwarten. Von den 371 Befragten hielten 360, das entspricht einem Anteil von 97 %, zumindest eine der sieben multimedialen Optionen für „sehr wichtig“ oder „wichtig“.

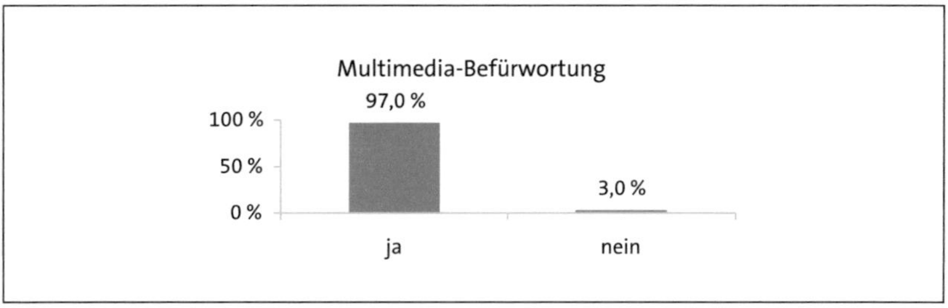

Abb. 4.5: Multimediale Befürwortung der Fernstudierenden

Damit bewertet die überragende Mehrheit (vgl. Abb. 4.5) eines oder mehrere der multimedialen Elemente zumindest als wichtig in ihrem Fernstudium.

Diese klare Präferenz bestätigt die Annahme der ersten Hypothese indirekt, denn mit der Wichtigkeit, die einem Item beigemessen wurde, ist auch eine Erwartungshaltung verknüpft. Konkreter ausgedrückt bedeutet das, dass Befragte, die wenigstens eine der multimedialen Ergänzungsmöglichkeiten für „wichtig" halten, diese in einem Fernstudienkonzept auch erwarten würden.

In einem weiteren Schritt wurden die Erwartungen der Fernstudierenden bezüglich des Studienmaterials konkreter abgefragt. Ausgehend von Studienmaterial in elektronischer Form, wurden die Befragten um eine Bewertung der Integration verschiedener medialer Möglichkeiten gebeten.

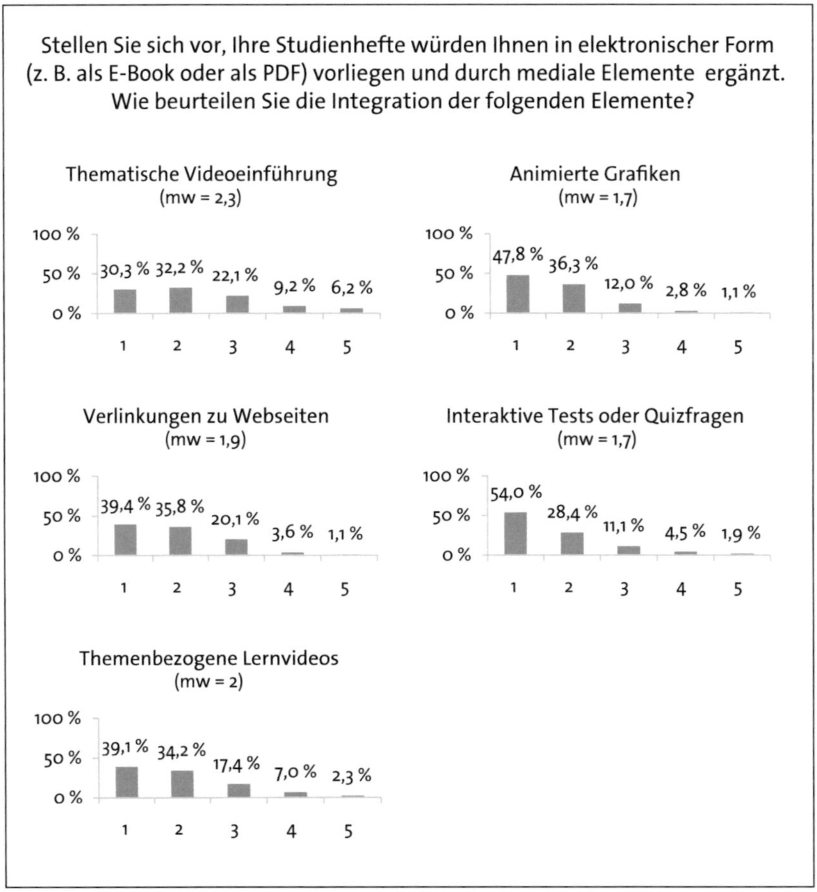

Abb. 4.6: Integration multimedialer Elemente in die Studienmaterialien (1 = „sehr wichtig", 2 = „wichtig", 3 = „unentschieden", 4 = „eher unwichtig", 5 = „gar nicht wichtig")

Die Antworten zu diesem Themenkomplex zeigen, dass die Befragten an verschiedenen Möglichkeiten der multimedialen Ergänzung interessiert wären, wenn das Studienmaterial in elektronischer Form vorliegen würde. Die meisten Bewertungen zu den Fragen finden sich oberhalb der neutralen Kategorie. Vergleicht man die Mittelwerte dieser Kategorien, so lässt sich feststellen, dass die Ausprägungen „Interaktive Tests oder Quizfragen zum Einüben des Gelernten" sowie „Animierte Grafiken zur Veranschaulichung von Sachverhalten" mit Mittelwerten von 1,7 die beliebtesten Optionen sind. Die anderen Items „Verlinkungen zu Webseiten" (mw = 1,9) „Themenbezogene Lernvideos" (mw = 2,0) und „Thematische Videoeinführung" (mw = 2,3) liegen in der Bewertung dicht dahinter. Es ist demnach eine Tendenz erkennbar, dass die Mehrzahl der Teilnehmerinnen und Teilnehmer die Integration multimedialer Elemente in elektronische Studienmaterialien positiv beurteilt. Eine klare Tendenz, *welches* Element ggf. Inhalte eines Studienhefts ergänzen sollte, ist hier nicht gegeben. Dafür liegen die Werte zu dicht beieinander.

Wenn man die Ergebnisse zu den beiden Fragen *„Stellen Sie sich vor, Sie könnten in Ihrem Fernstudium zwischen verschiedenen Medien wählen. Wie wichtig wären Ihnen folgende Medien in einem Fernstudienkonzept?"* und *„Stellen Sie sich vor, Ihre Studienhefte würden Ihnen in elektronischer Form (z. B. als E-Book oder als PDF) vorliegen und durch mediale Elemente ergänzt werden. Wie beurteilen Sie die Integration der folgenden Elemente?"* in Bezug auf die Mittelwerte der Bewertungen vergleicht, ist die Tendenz erkennbar, dass die Befragten in Bezug auf die konkrete mediale Ergänzung von elektronisch vorliegendem Studienmaterial ein größeres Interesse äußern (Mittelwerte von 1,7 bis 2,3) als bei der generellen Frage nach der Wichtigkeit von Medien in einem Fernstudienkonzept (Mittelwerte von 2,0 bis 2,5). Dieses Ergebnis wird auch durch die Antworten im iPad-spezifischen Teil der Befragung gestützt (Fragenblock 2), in dem eine deutliche Mehrheit von 69,6 % der Befragten eine mediale Ergänzung mit der Antwortoption „gefällt mir sehr" bzw. „gefällt mir" bewertet. Es kann vermutet werden, dass die Bewertung positiver erfolgt, je leichter die Optionen für die Befragten vorstellbar sind. Die Antwortkategorien weichen allerdings zu weit voneinander ab, als dass man die Fragen wirklich aussagekräftig miteinander vergleichen könnte. Die

Bewertung der medialen Ergänzungen eines iPad-Fernstudienkonzepts ist in Abbildung 4.7 zu erkennen.

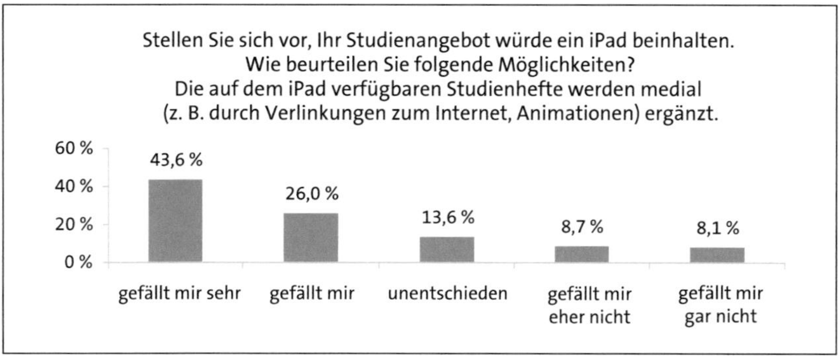

Abb. 4.7: Beurteilung multimedialer Ergänzungen des Studienmaterials in einem iPad-Fernstudienprogramm

Wie schon erwähnt, spricht sich eine deutliche Mehrheit für eine multimediale Ergänzung des Studienmaterials aus. Dieses Ergebnis muss vor dem Hintergrund der Fragestellung interpretiert werden: Die Frage zielt auf Einstellungen und Erwartungshaltungen in Bezug auf ein iPad-Studienangebot ab, das die Fernstudierenden nicht kennen, sondern in ihrer Vorstellung selbst gestalten, und weist damit einen visionären Charakter auf. Allerdings zeigen die Antworten auf diese Frage dennoch deutlich, dass die Fernstudierenden der medialen Ergänzung der Studienmaterialien in einem solchen Studienmodell in der Mehrheit positiv gegenüberstehen.

Ein weiterer Aspekt der Hypothese, den die Befragung klären sollte, ist die Bewertung der in einem Bildungsangebot eingesetzten medialen Interaktionsmöglichkeiten. Wenn es um die Bewertung multimedialer Elemente im Fernstudium geht, sollte auch betrachtet werden, wie die durch Medien ermöglichten Kommunikationswege im Fernstudium bewertet werden. Die Befragungsteilnehmerinnen und -teilnehmer wurden daher aufgefordert, verschiedene Kommunikationsmöglichkeiten (persönlicher Kontakt, Foren, E-Mail, Messenger, Telefon und Social Media) in Bezug auf ihre Wichtigkeit im Fernstudium zu bewerten. In Abbildung 4.8 wird deutlich, dass der Kontakt per E-Mail mit einem Mittelwert von 1,7 für am wichtigsten gehalten wird.

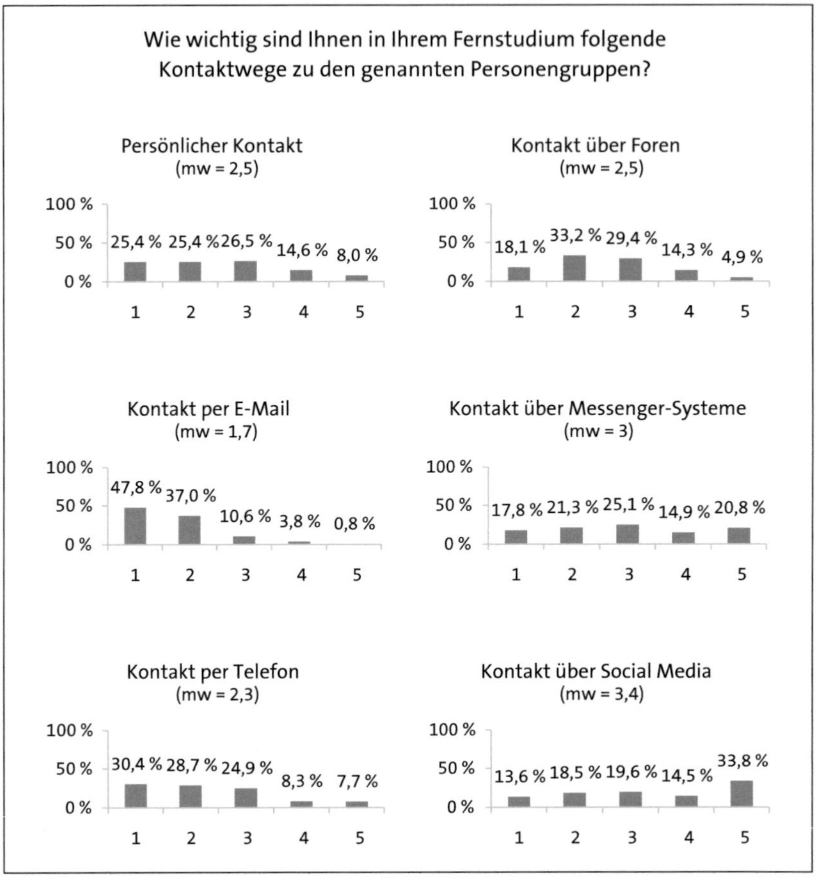

Abb. 4.8: Kontaktwege im Fernstudium (zu den Personengruppen in der Frage zählen Mitstudierende, Lehrende und Hochschulangestellte) (1 = „sehr wichtig", 2 = „wichtig", 3 = „unentschieden", 4 = „eher unwichtig", 5 = „gar nicht wichtig")

Um die Präferenzen der Befragten deutlicher herauszuarbeiten, wurde pro Kommunikationsweg berechnet, wie viel Prozent der Befragten mit „sehr wichtig" oder „wichtig" geantwortet haben. Im Vergleich (vgl. Abb. 4.9) wird deutlich, dass der Kontakt per E-Mail mit 84,8 % die am häufigsten favorisierte Art der Kontaktaufnahme darstellt. Es folgen Kontakte per Telefon (59,1 %), über Foren (51,4 %) und der direkte persönliche Kontakt (50,8 %).

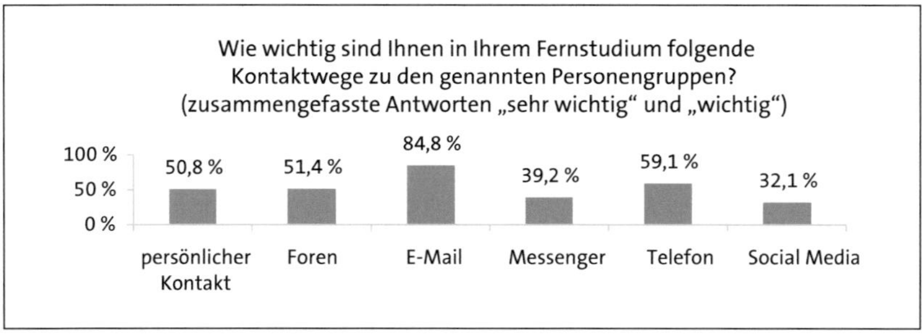

Abb. 4.9: Bewertung unterschiedlicher Kontaktwege im Fernstudium

Auch hier könnte aufgrund der Verteilung vermutet werden, dass die eigenen Erfahrungen im Fernstudium Einfluss auf die Bewertungen der Befragten genommen haben, da z. B. die Kommunikation über Social Media, die mit 32,1 % den Befragten am unwichtigsten erscheint, kein fester Bestandteil des Curriculums ist.

Interessant ist, dass es eine Differenz zwischen der Wichtigkeit, die die Befragten einem Kontaktweg zuordnen und seiner Nutzungshäufigkeit gibt. Ein Beispiel dafür ist die Nutzung von Foren, die von über 50 % als „wichtig" oder „sehr wichtig" angesehen, aber nur von 31 % mehr als einmal pro Monat genutzt werden. Ähnlich verhält es sich mit dem Kontakt über Messenger (z. B. Skype, MSN), den nur ca. 12 % mehr als einmal im Monat nutzen, den aber immerhin 38 % als mindestens „wichtig" einschätzen. Aber auch der E-Mail-Kontakt wird nicht so häufig genutzt, wie man vermuten könnte: 55,9 % geben an, dass sie diesen Kontaktweg in ihrem Fernstudium nur einmal monatlich oder seltener nutzen.

Die Befragten empfinden also Kommunikationsmedien als wichtig, obwohl sie diese verhältnismäßig selten für ihr Fernstudium nutzen.20) Wenn man davon ausgeht, dass Fernstudierende die Ressourcen eines Lernprozesses immer dann einsetzen, wenn sie diese benötigen, könnte man vermuten, dass Kommunikation auf den genannten Wegen im Konzept der APOLLON Hochschule momentan nicht der wichtigste Bestandteil dieses Prozesses ist. Das wird auch dadurch bestätigt, dass für die Befragten der Lernerfolg vor allem

20 Eine Nutzung von E-Mails einmal im Monat wird hier als selten interpretiert, da der zugrunde liegende Workload in dem Studienangebot bei ca. 15 bis 20 Stunden pro Woche liegen sollte.

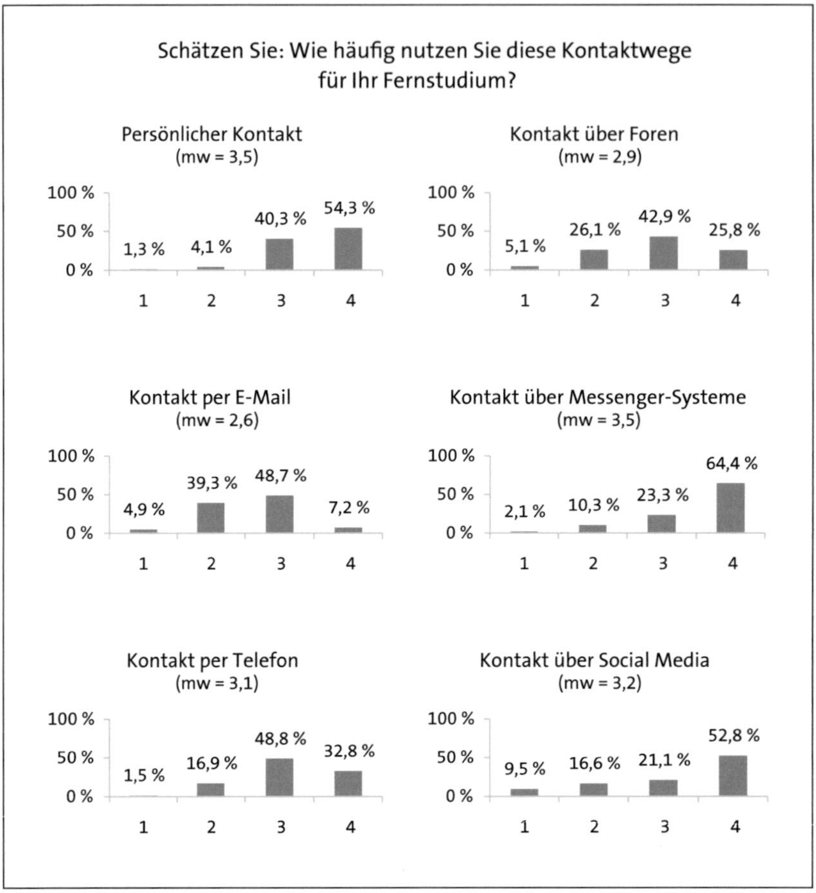

Abb. 4.10: Häufigkeit der Kontaktaufnahme über verschiedene Kontaktwege (1 = „täglich", 2 = „1–5 x die Woche", 3 = „einmal monatlich", 4 = „nie")

durch die Faktoren „Lesen der Studienhefte", „Lernen für Prüfungen" und den „Prozess der Bearbeitung von Prüfungsaufgaben" bestimmt wird. Alle drei Optionen wurden mit einer Mehrheit von über 90 % für „wichtig" oder „sehr wichtig" gehalten, während der Kontakt zu Mitstudierenden (43,6 %) oder den Lehrenden (57 %) als deutlich weniger wichtig für den Lernerfolg bewertet wurde (Näheres zu diesen Hintergrundfragen vgl. Kap. 4.2.2).

4.3 Einschätzung der Attraktivität einer Einbindung des iPads in das Fernstudium

Das iPad wurde von vielen Bildungs- und einigen Fernunterrichtsanbietern bereits in ihr Angebot aufgenommen. Die Fernhochschule SRH Riedlingen z. B. bietet seit 2011 einen MBA-Studiengang an, in dem das iPad zum Studienmaterial gehört und die zentrale Plattform des Studienablaufs darstellt (vgl. SRH Riedlingen, 2011). Die Studienmaterialien sind auf dem Gerät enthalten und das iPad wird auch für kommunikative Prozesse im Studium genutzt. Wenn Fernunterrichtsanbieter Konzepte dieser Art entwickeln, ist es von großem Interesse für sie, bei der Planung einschätzen zu können, wie ihre Zielgruppe diese beurteilt. Die Ergebnisse der Befragung zur folgenden Hypothese können hier vielleicht zur Klärung beitragen.

> Hypothese 2.1: Die Integration eines iPads in das Konzept eines Fernstudienangebots steigert die Attraktivität des Angebots aus Sicht der Studierenden.

Zur Überprüfung dieser Hypothese wurden die Teilnehmerinnen und Teilnehmer direkt befragt, ob ein Fernstudienangebot für sie attraktiver wäre, wenn ein iPad integriert werden würde.

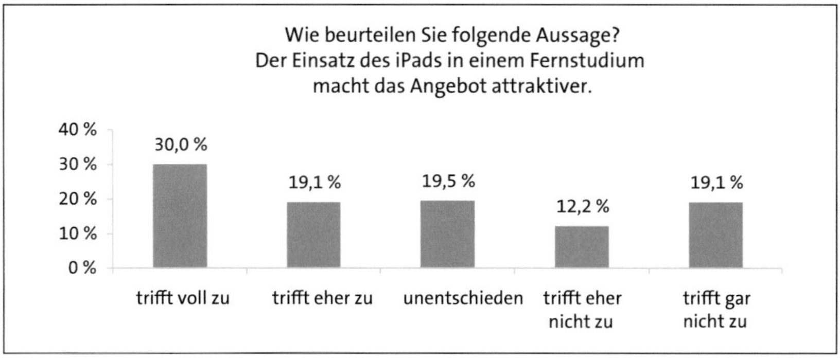

Abb. 4.11: Attraktivität des iPad-Einsatzes

Wie in Abbildung 4.11 zu erkennen ist, wurde diese Frage von 49,1 % der Befragten mit „trifft voll zu“ oder „trifft eher zu“ beantwortet, während nur 31,3 % sie mit Optionen schlechter als 3 („trifft eher nicht zu“ und „trifft gar nicht zu") bewertet haben. Der Mittelwert liegt mit 2,71 ebenfalls im positiven Bereich der Ausprägungen.

Nahezu die Hälfte der Befragten ist also der Meinung, ein iPad würde das Fernstudium attraktiver machen. Um diese Ergebnisse weiter zu konkretisieren, wurden die Fernstudierenden aufgefordert, sich zwischen zwei Studienmodellen zu entscheiden:

- Antwortoption 1: „Das iPad-Studienmodell: Das Studienmaterial erhalten Sie nicht mehr in einer gedruckten Version, sondern nur noch in elektronischer Form. Der Preis umfasst bereits das iPad und die Studienmaterialien."
- Antwortoption 2: „Das bisherige Studienmodell: Das Studienmaterial erhalten Sie im Versand in einer gedruckten Version. Ein iPad ist nicht Teil des Studienangebots."

Diese Frage ist in diesem Kontext sehr interessant, da sie von den Befragten verlangt, einen gegebenen bekannten Zustand mit einer Situation zu vergleichen, die sie noch nicht erlebt haben. Abbildung 4.12 zeigt die Bewertung der Befragten.

Die Mehrheit der Teilnehmenden (63,3 %) würde sich für das bisherige Studienmodell entscheiden. Interessant ist aber, dass sich 36,4 % für die Variante mit dem iPad entscheiden würden. Das ist ein relativ hoher Wert, wenn man bedenkt, dass alle Befragten an das herkömmliche Studienmodell gewöhnt sind und zudem über 70 % der der Teilnehmer und Teilnehmerinnen sich als weniger oder gar nicht vertraut mit diesem Gerät bezeichneten (vgl. Abb. 4.4).

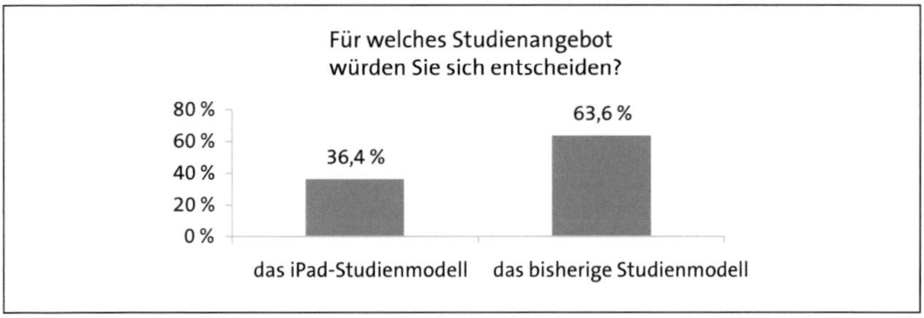

Abb. 4.12: Bewertung der beiden Studienmodelle

Für eine detailliertere Betrachtung und Bewertung dieser ersten Ergebnisse wird eine zweite Frage hinzugezogen. Die Teilnehmerinnen und Teilnehmer sollten sich darin zu dem Grad an Vertrautheit mit dem iPad oder ähnlichen Geräten äußern. Die nächste Abbildung 4.13 zeigt die Verteilung der Bewertungen. Als dem iPad ähnlich wurden in dieser Frage das iPhone und das Samsung Galaxy genannt, um auch noch die Klasse der Smartphones und die dem iPad vergleichbaren Tablet-Computer mit einzubeziehen. Damit wurden die Befragten angesprochen, die entweder mit der Geräteklasse Tablet-Computer Erfahrungen hatten oder sich die Bedienung des iPads durch die Nutzung des ähnlich aufgebauten iPhones erschließen können.

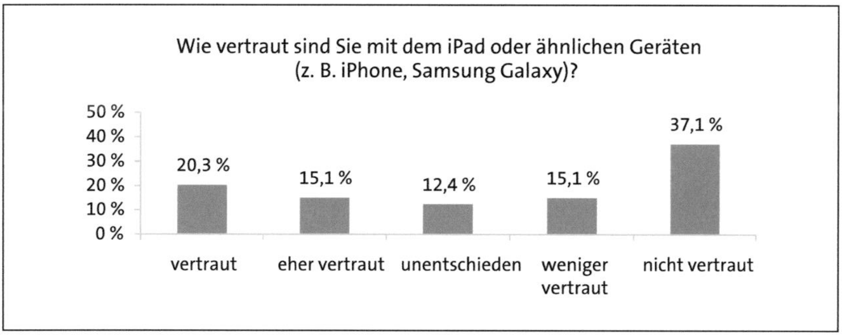

Abb. 4.13: Grad der Vertrautheit zum iPad und verwandten Geräteklassen

Ein Anteil von 35,4 % der Befragungsteilnehmerinnen und -teilnehmer geben an, „vertraut" und „eher vertraut" mit diesen Geräten zu sein, während über die Hälfte (52,2 %) sich als „weniger vertraut" oder „nicht vertraut" bezeichnet. Es stellt sich die Frage, inwiefern diese Bewertung Einfluss darauf hat, ob und in welchem Maße die Befragten das iPad-Fernstudium für attraktiv halten. Da es sich hier um zwei kategoriale Variablen handelt, kann ein möglicher Zusammenhang zwischen diesen beiden sehr gut durch eine Kreuztabelle untersucht werden.

Wie man aus Tabelle 4.6 erkennen kann, halten von denjenigen, die mit den mobilen Kommunikationsgeräten vertraut sind, 47,9 % die Aussage „Der Einsatz des iPads in einem Fernstudium macht das Angebot attraktiver" für voll zutreffend.[21] Bei denjenigen, die sich als „nicht vertraut" be-

[21] Zum Vergleich: Der Schnitt der Gesamtgruppe lag hier bei 30 %.

zeichnen, waren dies nur 21,4 % der Befragten. Umgekehrt sind nur 6,3 % von denjenigen, die sich als „vertraut“ mit dem iPad o. Ä. bezeichnen, *nicht* der Meinung, dass der Einsatz des iPads das Fernstudium attraktiver macht.

Zum Vergleich: Bei den Befragten, die sich als „nicht vertraut“ bezeichnen, macht das einen Anteil von 30 % aus. Das legt den Schluss nahe, dass Befragte, die mit dieser Geräteklasse vertraut sind, die Attraktivität eines solchen Studienangebots deutlich höher einschätzen als diejenigen, die keine Erfahrungen mit diesen Geräten haben.

Um diese Beobachtung statistisch zu verifizieren, könnte man an dieser Stelle einen Chi-Quadrat-Unabhängigkeitstest durchführen. Leider liegen an drei Stellen der Tabelle die erwarteten Häufigkeiten unter 5, sodass die Voraussetzungen für die Anwendung des Tests nicht vollständig erfüllt sind. Im Folgenden wird allerdings ein ähnlicher Zusammenhang untersucht, bei dem sich dieser Test durchführen lässt.

Dabei wird betrachtet, ob die Vertrautheit mit dem iPad o. Ä. einen Einfluss auf die Entscheidung für oder gegen ein iPad-Fernstudienkonzept hat. Hier weist die Gruppe der iPad-Kenner eine deutlich positivere Tendenz auf als die Vergleichsgruppe derjenigen, die sich als „nicht vertraut“ mit dem iPad bezeichnen. Wie in Tabelle 4.7 dargestellt, würde sich über die Hälfte derjenigen, die mit der Geräteklasse iPad „vertraut“ oder „eher vertraut“ sind, für ein iPad-Studienmodell entscheiden.[22)] Von denjenigen, die sich als „nicht vertraut“ mit dem Gerät bezeichnen, würde sich eine deutliche Mehrheit von 79,1 % für das bisherige Studienmodell mit Printmaterialien entscheiden.

Grob betrachtet lässt sich die Tendenz erkennen, dass mit zunehmender Vertrautheit mit den mobilen Kommunikationsgeräten der Anteil derer, die sich für das iPad-Studienmodell entscheiden würden, steigt. Im Gegensatz dazu nimmt mit sinkender Vertrautheit der Anteil derjenigen zu, die sich für das bisherige Studienmodell entscheiden würden. Dieser beobachtete Zusammenhang lässt sich in diesem Fall sehr gut mit einem Chi-Quadrat-Unabhängigkeitstest überprüfen, da die erwarteten Häufigkeiten alle deutlich über dem Wert 5 liegen. Mit diesem Test soll die Annahme bestätigt werden,

22 Zum Vergleich: Der Schnitt der Gesamtgruppe lag hier bei 36,4 %.

dass zwischen den betrachteten Variablen ein Zusammenhang besteht. Für eine Überprüfung wird folgende Nullhypothese formuliert: Die Variablen „Vertrautheitsgrad mit einem iPad o. Ä.“ und „Entscheidung für oder gegen ein iPad-Fernstudium“ sind voneinander unabhängig.

Tabelle 4.6: Kreuztabelle: Vertrautheit mit dem iPad und Attraktivitätsbewertung (62,5 % der mit dem iPad vertrauten und 38,5 % der mit dem iPad nicht vertrauten Befragten empfinden das Einbinden eines iPad in das Fernstudium als attraktivitätssteigernd.)

Kreuztabelle: Wie vertraut sind Sie mit dem iPad oder ähnlichen Geräten (z. B. iPhone, Samsung Galaxy)? * Der Einsatz des iPads in einem Fernstudium macht das Angebot attraktiver.							
Wie vertraut sind Sie mit dem iPad oder ähnlichen Geräten (z. B. iPhone, Samsung Galaxy)?		**Der Einsatz des iPads in einem Fernstudium macht das Angebot attraktiver.**					**gesamt**
		trifft voll zu	**trifft eher zu**	**unentschieden**	**trifft eher nicht zu**	**trifft gar nicht zu**	
vertraut	Anzahl	23	7	9	6	3	48
	erwartete Anzahl	14,4	9,9	9,2	5,6	9,0	48,0
	%	47,9	14,6	18,8	12,5	6,3	100,0
eher vertraut	Anzahl	11	10	4	4	6	35
	erwartete Anzahl	10,5	7,2	6,7	4,1	6,5	35,0
	%	31,4	28,6	11,4	11,4	17,1	100,0
unentschieden	Anzahl	9	8	5	3	2	27
	erwartete Anzahl	8,1	5,6	5,2	3,2	5,0	27,0
	%	33,3	29,6	18,5	11,1	7,4	100,0
weniger vertraut	Anzahl	6	7	11	2	8	34
	erwartete Anzahl	10,2	7,0	6,5	4,0	6,4	34,0
	%	17,6	20,6	32,4	5,9	23,5	100,0
nicht vertraut	Anzahl	15	12	12	10	21	70
	erwartete Anzahl	20,9	14,4	13,4	8,2	13,1	70,0
	%	21,4	17,1	17,1	14,3	30,0	100,0
gesamt	Anzahl	64	44	41	25	40	214
	erwartete Anzahl	64,0	44,0	41,0	25,0	40,0	214,0
	%	29,9	20,6	19,2	11,7	18,7	100,0

Tabelle 4.8: Kreuztabelle: Vertrautheit mit dem iPad und Studienmodellentscheidung

Kreuztabelle: Wie vertraut sind Sie mit dem iPad oder ähnlichen Geräten (z. B. iPhone, Samsung Galaxy)? * Für welches Studienangebot würden Sie sich entscheiden?				
Wie vertraut sind Sie mit dem iPad oder ähnlichen Geräten (z. B. iPhone, Samsung Galaxy)?		**Für welches Studienangebot würden Sie sich entscheiden?**		**gesamt**
		iPad-Studienmodell	**bisheriges Studienmodell**	
vertraut	Anzahl	24	24	48
	erwartete Anzahl	18,4	29,6	48,0
	%	50,0	50,0	100,0
eher vertraut	Anzahl	20	14	34
	erwartete Anzahl	13,1	20,9	34,0
	%	58,8	41,2	100,0
unent-schieden	Anzahl	14	11	25
	erwartete Anzahl	9,6	15,4	25,0
	%	56,0	44,0	100,0
weniger vertraut	Anzahl	12	24	36
	erwartete Anzahl	13,8	22,2	36,0
	%	33,3	66,7	100,0
nicht vertraut	Anzahl	18	68	86
	erwartete Anzahl	33,0	53,0	86,0
	%	20,9	79,1	100,0
gesamt	Anzahl	88	141	229
	erwartete Anzahl	88,0	141,0	229,0
	%	38,4	61,6	100,0

Tabelle 4.9: Chi-Quadrat-Test: Vertrautheit mit dem iPad und Entscheidung für/gegen ein iPad-Fernstudium

Chi-Quadrat-Unabhängigkeitstest			
	Wert	**df**	**Asymptotische Signifikanz (2-seitig)**
Chi-Quadrat nach Pearson	23,480*	4	0,000
Anzahl der gültigen Fälle	229		
* 0 Zellen (,0 %) haben eine erwartete Häufigkeit kleiner 5. Die minimale erwartete Häufigkeit ist 9,61.			

Die Berechnung von SPSS ergibt eine asymptotische Signifikanz von 0,000. Dieser Wert bedeutet, dass die oben aufgestellte Nullhypothese mit einer Wahrscheinlichkeit von 0,0 % richtig ist. Somit kann die Nullhypothese verworfen werden. Es besteht also ein statistisch signifikanter Zusammenhang zwischen den beiden Variablen. Man kann daher davon ausgehen, dass die zuvor in der Kreuztabelle beobachtete Abhängigkeit zwischen einer steigenden Vertrautheit der Befragten mit dem iPad o. Ä. und einer Entscheidung für das iPad-Fernstudium zutreffend ist.

Wenn die jetzige Entwicklung sich fortsetzt, dass immer mehr Menschen das iPad und ähnliche Geräte kennenlernen, kann aufgrund des oben beobachteten Zusammenhangs darauf geschlossen werden, dass zukünftige Fernstudierende eine Integration des iPads noch positiver bewerten, als es in dieser Befragung der Fall ist. Für die Konzeption von Fernstudienangeboten, die das iPad umfassen, kann es außerdem bedeuten, dass Studierende, die noch keine Erfahrungen mit dieser Art von Geräten haben, ihren Nutzen durch das Arbeiten damit im Verlauf des Studiums zu schätzen lernen.

Interessant bei der Frage nach dem präferierten Studienmodell war die Anzahl und der Inhalt der Antworten auf die offene Ergänzungsfrage: „Welches andere Studienmodell könnten Sie sich vorstellen?“ Insgesamt gab es darauf 130 Antworten, d. h., ungefähr jeder dritte Befragte hatte eine eigene Vorstellung von einem Studienmodell. Um diese Beiträge auszuwerten, wurden aus allen Antworten Kategorien gebildet. Die wichtigsten bezogen sich auf eine Kombination von Elementen. Die Teilnehmenden schlugen entweder vor, das iPad-Studienmodell um gedruckte Studienhefte zu ergänzen oder ein Fernstudienmodell zu gestalten, das kein iPad, dafür aber die Studienmaterialien sowohl in der Print- als auch in einer E-Book-Version anbietet. In Abbildung 4.14 wird dargestellt, dass von den 130 Personen, die sich zu dieser offenen Frage geäußert hatten, sich fast jeder zweite (49,2 %) die Kombination zwischen dem iPad-Fernstudienmodell und dem bisherigen Modell mit den ausgedruckten Studienheften wünscht. Eine weitere Gruppe von 26,9 % würde das Angebot von elektronischen Studienmaterialien in Kombination mit den gedruckten Studienheften ohne iPad bevorzugen.

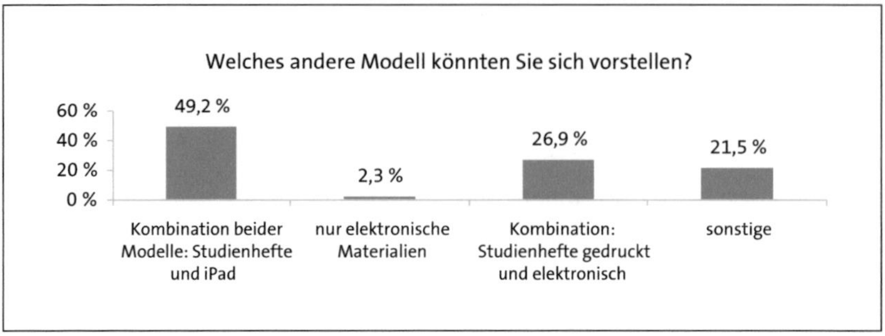

Abb. 4.14: Zusammenfassung der offenen Frage

Beide Ideen sind durchaus vorstellbar und könnten in die Überlegungen zu einem iPad-Studienkonzept mit einfließen. Um die Einschätzung der Befragten in Bezug auf die Attraktivität des iPad-Fernstudiums weiter zu konkretisieren und näher zu untersuchen, wurden die Meinungen zu einigen Unteraspekten abgefragt. Ein Fragenblock beschäftigte sich mit der Frage, welche Veränderungen die Fernstudierenden durch das iPad erwarten würden. In Abbildung 4.15 kann man erkennen, dass die Studierenden die verschiedenen Möglichkeiten sehr unterschiedlich beurteilen. Während bei drei Fragen keine besonders deutliche Tendenz in die eine oder andere Richtung zu erkennen ist, werden zwei Fragen besonders positiv beantwortet: Die Befragten meinen mehrheitlich, dass das iPad ihnen ein ortsunabhängiges Lernen ermöglicht (Option 1 und 2 zusammen 66,9 %), und dass das Studienkonzept durch den Einsatz des iPads moderner wird (Option 1 und 2 zusammen 74,1 %). Bei Fragen, die sich konkret mit Vorteilen des iPad-Einsatzes im Lernprozess befassen, sind die Bewertungen gemischter. Im Bereich der Organisation des Studiums gab es keine klaren Mehrheiten für die Meinung, dass das Gerät diese erleichtern würde, und auch die gegenteilige Ansicht konnte nicht mehrheitlich überzeugen. Die Aussagen, das iPad würde die Kommunikation im Studium erleichtern und „Ich kann meine Studienaufgaben mithilfe des iPads lösen", wurden nur mit einer leicht zustimmenden Tendenz beantwortet, was wiederum daran liegen kann, dass viele mit dem iPad nicht vertraut sind. Lediglich bei der Frage „Die Studienzeit wird sich durch den Einsatz des iPads verkürzen" waren die Teilnehmerinnen und Teilnehmer sich wieder relativ einig. Über 75 % versprechen sich keine Verkürzung der Studienzeit durch den Tablet-Computer.

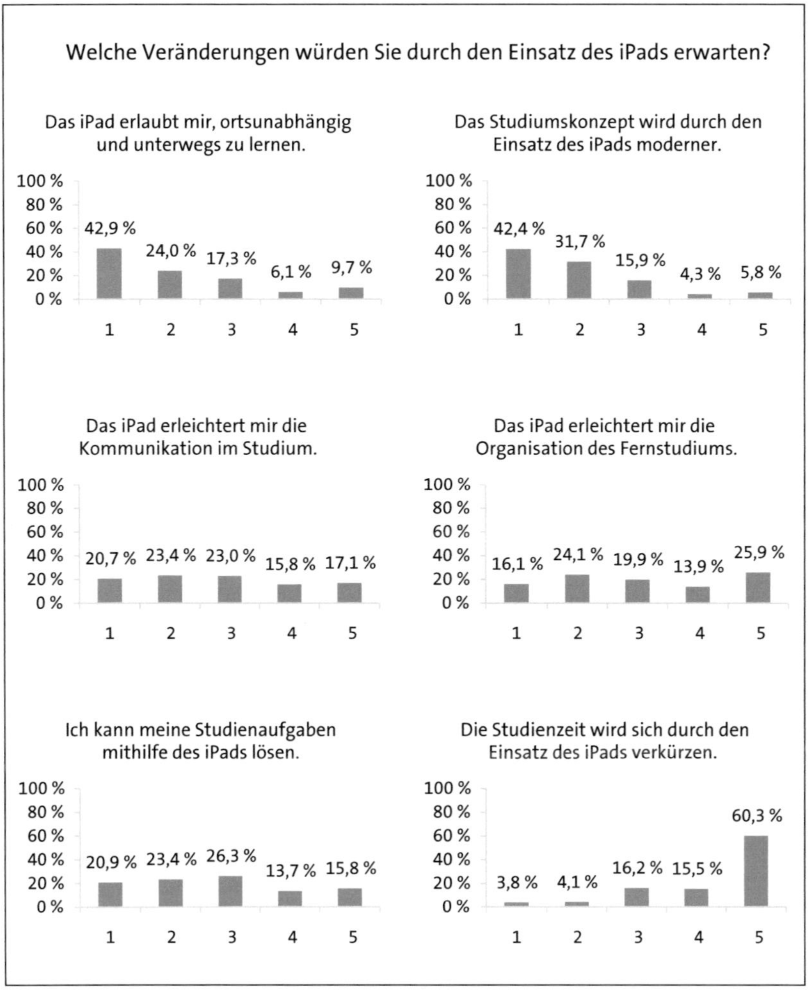

Abb. 4.15: Unterschiedliche Erwartungen und Bewertungen der Fernstudierenden (1 = „trifft voll zu", 2 = „trifft eher zu", 3 = „unentschieden", 4 = „trifft eher nicht zu", 5 = „trifft gar nicht zu")

Mit diesen Meinungsäußerungen wird klar, dass die Fernstudierenden die Integration des Geräts in ihr Studium sehr differenziert betrachten. Nur eine Minderheit glaubt daran, dass das iPad die Lernarbeit verringern und die Studienzeit verkürzen kann. Allerdings sehen die Befragten dennoch Vorteile des iPad-Fernstudiums. Sie versprechen sich davon mehrheitlich ein moderneres Studienkonzept und schätzen vor allem die Mobilität, die das iPad ihnen gewähren würde.

Interessant sind die Antworten zur Attraktivität auch vor dem Hintergrund der eigenen Mobilität. Wie Abbildung 4.16 zeigt, bewerten die Studierenden, die nicht nur zu Hause ihre Studienhefte lesen, die Integration des iPads in das Fernstudium als deutlich attraktiver. Studierende, die ihr Studienmaterial ausschließlich zu Hause lesen, beantworten die Aussage „Der Einsatz des iPads in einem Fernstudium macht das Angebot attraktiver“ zu 21,3 % mit der Option „trifft voll zu“. Von den Befragten, die ihre Studienhefte u. a. unterwegs lesen, wählten 35,4 % diese Antwort, und von denen, die die Hefte u. a. auf der Arbeit lesen, waren es 32,7 %. Daraus könnte man den Schluss ziehen, dass die mobile Lernerfahrung, einen Einfluss auf die Beurteilung der Einbindung des iPads in das Fernstudium hat.

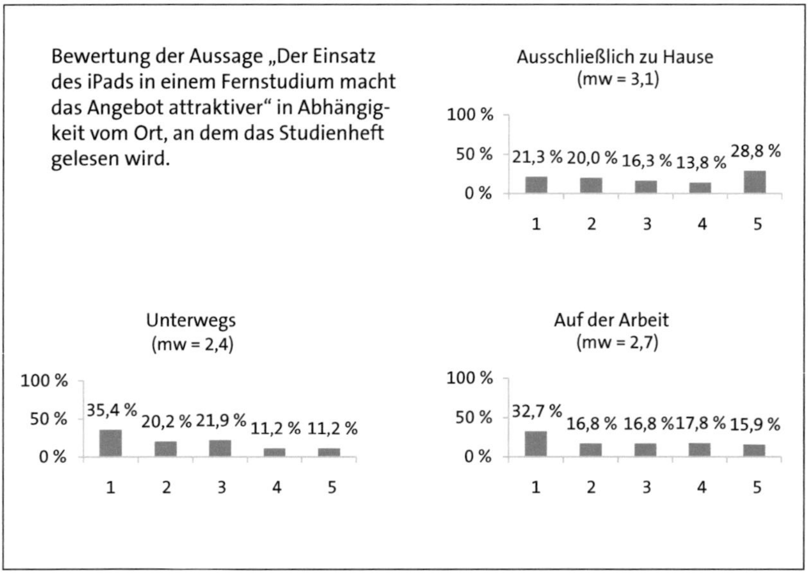

Abb. 4.16: Die Befragten beantworten die Aussage „Der Einsatz des iPads in einem Fernstudium macht das Angebot attraktiver“ deutlich positiver, wenn sie bereits mobil lernen. (1 = „trifft voll zu“, 2 = „trifft eher zu“, 3 = „unentschieden“, 4 = „trifft eher nicht zu“, 5 = „trifft gar nicht zu“)

Anhand eines weiteren Parameters der Untersuchung sollte die Attraktivität des iPad-Fernstudiums auf ganz andere Weise geklärt werden. Mit der Hypothese 2.2 sollte die monetäre Bewertung der Fernstudierenden als Indikator für die Einschätzung der Attraktivität untersucht werden.

Hypothese 2.2: Studierende sind bereit, für ein Fernstudienangebot mit einem iPad einen höheren Preis zu zahlen.

Zur Klärung der Hypothese 2.2 gab es im Fragebogen zwei Fragen: Es wurde die Bereitschaft, für ein iPad-Fernstudium einen höheren Preis zu bezahlen, abgefragt und in einer offenen Frage konnten sich die Fernstudierenden zu diesem Preis äußern.

Tabelle 4.10: Bewertung des iPad-Fernstudienkonzepts mithilfe des Studiengangspreises

Wären Sie bereit für Ihr Studium einen höheren Preis zu zahlen, wenn ein iPad im Preis inbegriffen wäre?				
		Häufigkeit	**Prozent**	**gültige Prozente**
gültig	ja	91	24,5	25,3
	nein	269	72,5	74,7
	gesamt	360	97,0	100,0
fehlend	System	11	3,0	
gesamt		371	100,0	

Die Frage, ob die Befragten bereit wären, für ein Studium, das das iPad enthält, einen höheren Preis zu bezahlen, wurde von 25,3 % mit „Ja" beantwortet. Diese Frage könnte durchaus als Indikator für die Attraktivität des Studienangebots interpretiert werden. Rund ein Viertel der Befragten schätzt die Vorteile eines iPad-Studienangebots so hoch ein, dass es eine Preiserhöhung in Kauf nehmen würden. Bemerkenswert ist hier auch, dass 360 der 371 Befragten eine Meinung zu dieser Frage äußerten. Das könnte ein Indiz dafür sein, dass die Bewertung der monetären Kriterien den Studierenden nicht schwer gefallen ist. Das Nachdenken über den monetären Wert eines Gegenstands führt bei dieser Frage evtl. weg von einer visionären Betrachtung hin zu einer realistischen Einschätzung. Im Zusammenhang mit der Bewertung der Bildungsmaßnahme anhand des Preises sind auch die Antworten auf die direkte Frage nach dem Studienmodell interessant: 36,4 % der Befragungsteilnehmer und -teilnehmerinnen würden sich für ein Studienmodell entscheiden, in dem das Studienmaterial nicht mehr in einer gedruckten Version, sondern nur noch in elektronischer Form geliefert wird und der Preis bereits das iPad umfasst. Da diese Frage keine pragmatischen Überlegungen bzgl. des tatsächlichen Preises beinhaltet, ist es denkbar, dass der Grad der Zustimmung hier deshalb höher ist als bei der Frage nach der Zahlungsbereitschaft.

In Kombination deuten diese beiden Antworten aber darauf hin, dass ein iPad-Fernstudienkonzept momentan nicht für alle, aber durchaus für ein Viertel bis ein Drittel der Fernstudierenden attraktiv ist. Gemessen an der Vertrautheit der Befragten mit dem iPad sprechen diese Zahlen dafür, dass ein entsprechendes Fernunterrichtsangebot sicherlich auf Nachfrage stoßen würde, die zusätzlich Wachstumspotenzial hätte.

Die Antworten auf die offene Frage, in der die Befragten Auskunft darüber geben sollten, wie viel mehr Geld sie bereit wären, für ein iPad-Fernstudium zu zahlen, sind leider zu unterschiedlich in ihren Kategorien, als dass man einen realistischen Anhaltspunkt zur Preisgestaltung gewinnen könnte.

4.3.1 Vorstellungen und Erwartungen der Fernstudierenden in Bezug auf die Einführung und Begleitung eines iPad-Fernstudienangebots

Wenn man die Befragungsergebnisse zu organisatorischen Fragen rund um die Integration des iPads in das Fernstudium betrachtet, ist es wiederum angebracht zu berücksichtigen, dass die Fernstudierenden durch ihr jetziges Fernstudium an die Struktur der APOLLON Hochschule gewöhnt sind. Zu den organisatorischen Gesichtspunkten gehört auch die Prüfung der dritten Hypothese.

> Hypothese 3: Studierende erwarten in einem Fernstudium mit integriertem iPad eine Schulung in Bezug auf die Nutzung.

Das Fernstudienkonzept der APOLLON Hochschule sieht an verschiedenen Stellen und mit unterschiedlichen Methoden eine lernunterstützende Begleitung vor. Diese reicht von einem Präsenzseminar, das die Studierenden inhaltlich und methodisch einführen soll, über Studienbegleithefte bis hin zum Support über Telefon oder Internet. Anhand von Hypothese 3 sollte geprüft werden, ob Studierende in einem Fernstudium mit integriertem iPad auch eine Schulung im Hinblick auf die Nutzung des Geräts erwarten. Dieser Aspekt wurde in der Befragung auch noch in Bezug auf Art und Inhalt der Schulung konkretisiert.

Da das iPad bei Weitem noch nicht den Vertrautheitsgrad von Computern und Notebooks erreicht hat, wie in den vorherigen Abschnitten dieses Kapitels mehrfach diskutiert, war es interessant herauszufinden, wie viele der Befragten eine iPad-Schulung für nötig erachten würden. Wie Tabelle 4.10 zeigt, sprach sich eine Mehrheit von 80,1 % der Befragten generell für eine Schulung zur Einführung in das Studium mit dem iPad sowie für Supportleistungen aus. Diese Tendenz korrespondiert mit dem geringen Grad an Vertrautheit der Fernstudierenden mit dem Tablet-Computer.

Tabelle 4.11: Eine Schulung sowie Supportleistungen für das Studium mit dem iPad werden von der Mehrzahl der Fernstudierenden erwartet.

Wenn ein iPad ein Bestandteil Ihres Studiums wäre, würden Sie sich eine Einführung in die Bedienung und anschließenden Support wünschen?				
		Häufigkeit	**Prozent**	**gültige Prozente**
gültig	ja	253	68,2	80,1
	nein	63	17,0	19,9
	gesamt	316	85,2	100,0
fehlend	Enthaltung	49	13,2	
	System	6	1,6	
	gesamt	55	14,8	
gesamt		371	100,0	

Bei der Folgefrage nach der Art der Schulung erhielten drei Schulungsarten den größten Zuspruch: Jeweils ungefähr die Hälfte der Fernstudierenden (es handelte sich um eine Frage mit Mehrfachantwort) befürwortet die Methode „Online-Seminar", „Video" oder eine „Anleitung in Textform", während eine Präsenzschulung nur für 28,6 % interessant ist.

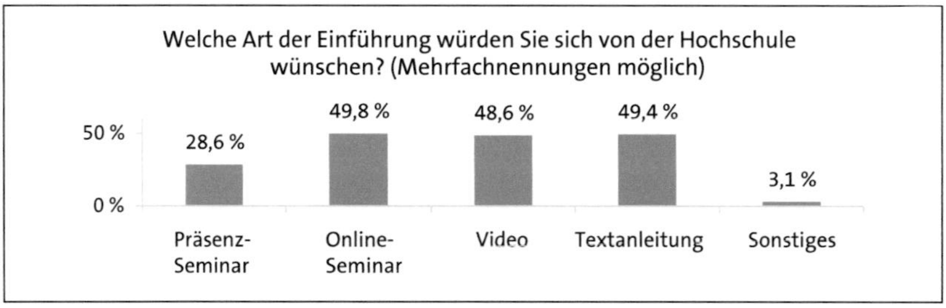

Abb. 4.17: Die Befragten sind nicht mehrheitlich für ein Präsenzseminar zur Schulung, sondern bevorzugen zeitlich begrenztere Formen, für die sie nicht reisen müssen.

Eine mögliche Erklärung könnte sein, dass die Studierenden im Fernstudium einen sehr engen und strukturierten Zeitplan haben und daher eine zusätzliche Präsenzphase nicht begrüßen würden. Das wird von den Kommentaren zu der Option „Sonstiges" unterstützt, denn hier schlagen 5 von 9 Befragten vor, die Einführung mit einem (in den meisten Kursen der Hochschule obligatorischen) Präsenzseminar zu verbinden.

Als Inhalte der Schulung finden die pragmatischen Antwortoptionen Anklang bei den Fernstudierenden. Ein Anteil von 88,4 % wünscht sich eine Einführung in die Bedienung. Das entspricht in der Tendenz wiederum den Ergebnissen zum Vertrautheitsgrad. 79,9 % wollen erlernen, wie man auf dem iPad Texte bearbeitet. Zwei Drittel der Befragten möchte lernen, mit dem iPad zu kommunizieren und zu recherchieren. Ein Teilnehmer fasst die dahinterstehende Auffassung gut zusammen und wünscht sich unter „sonstige" eine Schulung, die Folgendes abdeckt: „Alle Bedienungen, die ich auch am PC vornehmen möchte". Da ein hoher Prozentsatz der Fernstudierenden (über 90 %) den Computer als vertrautes Gerät im Studium betrachtet, ist dieser als Referenzmodell für die Frage nach dem Studium mit dem iPad naheliegend. Weitere Antworten auf die offenen Fragen enthielten den Wunsch, Tipps zur Bedienung des Geräts mit dem Fokus auf das Fernstudieren zu erhalten und den Nutzen für das Fernstudium kennenzulernen.

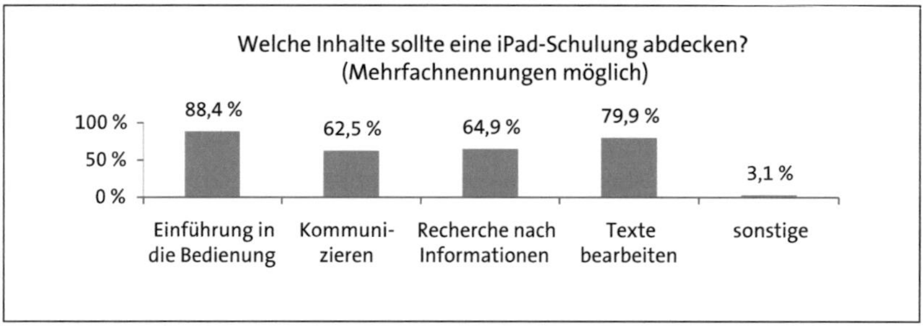

Abb. 4.18: Befragungsergebnisse zu den Inhalten einer Einführungsschulung

4.3.2 Weitere Befragungsergebnisse zu organisatorischen Aspekten

Die Befragung der Fernstudienteilnehmer enthielt noch einige Fragen, die Rückschlüsse auf die organisatorische Gestaltung eines iPad-Fernstudienprogramms zulassen. Dazu gehörten Fragen zur Distribution und Umsetzung der Studienmaterialien und zum Einsatz der medialen Möglichkeiten, die zum Funktionsumfang eines Tablet-Computers gehören.

Wie Abbildung 4.19 zeigt, gefallen jeweils über der Hälfte der Teilnehmerinnen und Teilnehmer die Optionen, die Studienmaterialien auf dem iPad im Studienversandrhythmus zur Verfügung gestellt zu bekommen und diese medial zu ergänzen. Die Frage nach dem Zugang zu den Studienmaterialien wurde von 35,6 % der Befragten mit „gefällt mir sehr" und von 21,1 % mit „gefällt mir" beantwortet. Eine Mehrheit der Fernstudierenden befürwortet demzufolge das Bereitstellen der Materialien auf dem Gerät. Die Frage beinhaltet allerdings zwei Bestandteile: Die Option, die Studienmaterialien auf dem iPad bereitzustellen, und die Option, dass ihre Verfügbarkeit dem Studienversandrhythmus unterliegt. Eine mediale Ergänzung der Studienhefte befürworten zusammengenommen 69,6 % der Studierenden, wie auch schon in Kapitel 4.2.4 erörtert. Die Richtung und das Format einer Umsetzung medialer Bestandteile unterliegen der Konzeption, aber man kann

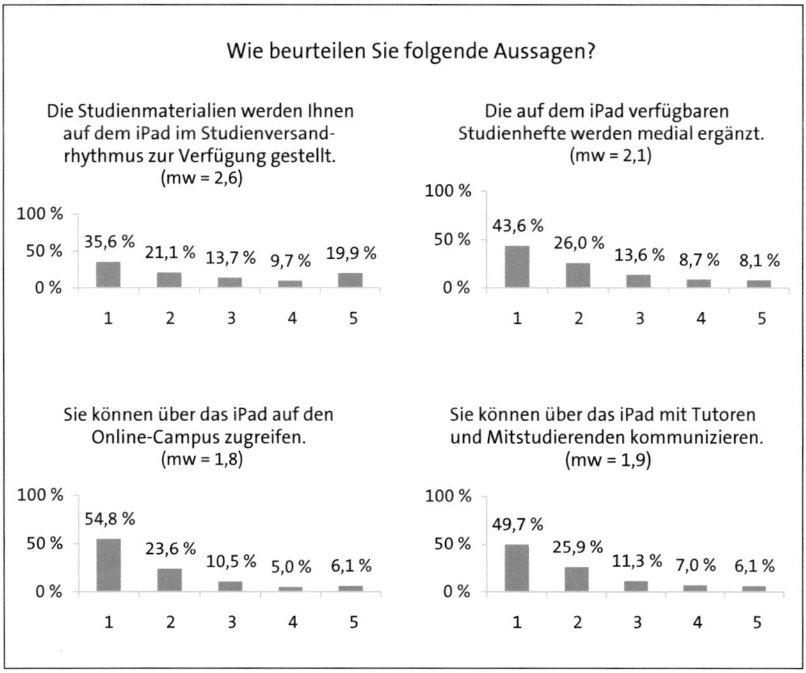

Abb. 4.19: Bewertung der Verwendungsmöglichkeiten des iPads im Fernstudium (1 = „gefällt mir sehr", 2 = „gefällt mir", 3 = „unentschieden", 4 = „gefällt mir eher nicht", 5 = „gefällt mir gar nicht")

durch die klare Tendenz des Ergebnisses davon ausgehen, dass die Fernstudierenden multimedialen Elementen generell positiv gegenüberstehen.

Leider wurde in Bezug auf die Frage, ob das Studienmaterial auf dem iPad zur Verfügung gestellt werden soll, nicht differenziert betrachtet, ob die Studierenden eine zeitliche Sequenzierung der Bereitstellung erwarten. Dieser Aspekt könnte ggf. im Vorfeld der Konzeption eines iPad-Fernstudienangebots erneut untersucht werden. Einen sehr hohen Zuspruch erfährt die Aussage, dass die Fernstudierenden mit dem iPad auf den Online-Campus zugreifen können. Zusammengenommen wünschen 78,4 % aller Befragten diese Art der Anbindung an das Lernmanagementsystem.

Ein Anteil von 75,6 % der Befragten (Antwortoptionen 1 und 2 zusammengefasst) bewertet die Möglichkeit, mit den Lehrenden und den Mitstudierenden kommunizieren zu können, positiv. Diese Eigenschaft des iPads wird damit von einer Mehrheit der Fernstudierenden begrüßt – ein Faktor, der für ein Kommunikationskonzept innerhalb eines iPad-Fernstudiengangs eine gute Ausgangsbasis bietet.

Interessant für die Organisation eines Fernstudienangebots bleibt zudem die Tatsache, dass 68,1 % aller Studierenden die Materialien lieber in Papierform lesen möchten.

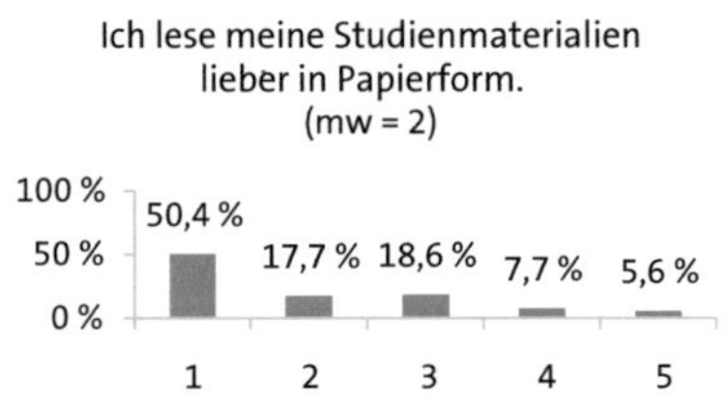

Abb. 4.20: Eine Mehrheit von 68,1 % der Befragten präferiert das gedruckte Studienmaterial.

Diese Präferenz zeigte sich ja bereits in der oben diskutierten Wahl der Studienmodelle und sollte bei der Neukonzeption eines iPad-Fernstudienangebots Berücksichtigung finden.

5 Zusammenfassung und Diskussion der Ergebnisse: Empfehlungen für die Integration von iPads in das Fernstudium

Die Forschungsfrage dieser Arbeit lautete:

> Welche didaktischen und organisatorischen Rahmenbedingungen müssen gegeben sein, um eine sinnvolle Einbindung des iPads in ein Fernstudienangebot zu erreichen?

Im Fokus stand demnach die Frage, was Fernlehrinstitute bedenken müssen, wenn sie einen Tablet-Computer wie das iPad verwenden möchten, um ihre Lernprozesse zu optimieren und für Fernstudierende ein effizientes und nachhaltiges Bildungsangebot zur Verfügung zu stellen. Im Diskussionsteil dieser Arbeit werden die Befragungsergebnisse zusammengefasst und im Hinblick auf Empfehlungen für die Konzeption eines iPad-Fernstudienangebots untersucht. Auch die aus den ersten Kapiteln gewonnenen didaktischen und organisatorischen Erkenntnisse werden in diese Überlegungen mit einbezogen.

5.1 Diskussion der Befragungsergebnisse

Die durchgeführte Untersuchung gibt reichhaltigen Aufschluss in Bezug auf die Einstellungen und Bewertungen der Fernstudierenden zur Integration des iPads in Fernstudienangebote. Die Ergebnisse der Befragung der Studierenden der APOLLON Hochschule sollten jedoch vor dem Hintergrund des spezifischen Fernstudienmodells interpretiert werden, das die Studierenden aus eigener Erfahrung kennen. Viele Antworten der Fernstudierenden, z. B. auf die Frage nach den präferierten Kommunikationswegen, wiesen eine Ähnlichkeit mit dem von ihnen erlebten Fernstudium auf. Ein derartiger Einfluss ist daher nicht auszuschließen. Vor diesem Hintergrund sollten z. B. die Ergebnisse in Bezug auf einzusetzende Medien in einem iPad-gestützten Fernstudium nicht als ausschließlich betrachtet werden, da die Studierenden diese auf Grundlage der bereits bekannten medialen Elemente bewerteten. Eine Vergleichsuntersuchung könnte hier zu einer neutraleren Betrachtung verhelfen.

Ein weiterer Einflussfaktor auf die Antworten war der Grad an Vertrautheit der Fernstudierenden mit dem iPad. Etwa 63 % der Befragten bezeichneten sich als „gar nicht vertraut“ mit dem iPad, während der PC mit 65,8 % als „sehr vertraut“ gewertet wurde – ein Ergebnis, das angesichts der noch nicht so weit fortgeschrittenen Verbreitung des Geräts nicht erstaunlich ist. Viele der Studierenden haben damit Bewertungen abgegeben, obwohl sie nicht über eigene Erfahrungen mit dem iPad oder anderen Tablet-Computern verfügten.

Im Folgenden werden die Ergebnisse zu den Arbeitshypothesen zusammengefasst dargestellt und diskutiert. Die Hypothesen dieser Arbeit dienten der Prüfung von vier Aspekten, die in Bezug auf eine Integration des iPads in ein Fernstudienkonzept von Interesse sein könnten.

5.1.1 Bewertungen zur Untersuchung der Hypothese 1

> Hypothese 1: Studierende erwarten multimediale Elemente in ihrem Fernstudium und in den Studienmaterialien.

Um die Ergebnisse zur ersten Hypothese umfassend zu beurteilen, wurden folgende Aspekte untersucht:

Bewertung multimedialer Elemente im Fernstudium

In der Befragung wurden zunächst sieben multimediale Elemente (z. B. CD-ROMs, Podcasts, Videos) sowie das Studienheft in Bezug auf ihre Wichtigkeit in einem Fernstudium bewertet. Die Befragten bestätigten die Bedeutung dieser multimedialen Elemente. Eine berechnete Zusammenfassung der Antworten ergab, dass 97 % der Fernstudierenden zumindest eins der aufgeführten multimedialen Elemente für wichtig hielten. Dies ist ein Hinweis für die Richtigkeit der Hypothese: Wenn multimediale Elemente als wichtig für das Fernstudium gewertet werden, wird ihre Verwendung in entsprechenden Konzepten auch erwartet. Zudem wurde das gedruckte Studienheft von 92,1 % *aller* Teilnehmenden als sehr wichtig für das Fernstudium bewertet. Da dieses Ergebnis auch mit dem anderer Untersuchungen korrespondiert (vgl. Thuy et al., 2011, S. 14), kann zwar der Einfluss des erlebten Fernstudienmodells auf die Bewertung geltend gemacht werden, die Präferenz der Studierenden im Hinblick auf gedrucktes Studienmaterial sollte aber zum jetzigen Zeitpunkt dennoch in ein iPad-Fernstudienkonzept eingebracht werden, da die Befragten das Lernen mit diesem Lernmedium offensichtlich schätzen.

Bewertung multimedialer Elemente in den Studienmaterialien

Die Mehrzahl der Befragten bewertete die Integration von multimedialen Elementen in elektronische Studienmaterialien als positiv. Aus den Antworten ließ sich allerdings keine klare Tendenz ablesen, *welche* der multimedialen Ergänzungen zum elektronischen Studienheft aus Sicht der Befragten wünschenswert wären. Bezogen auf ein iPad-Fernstudienkonzept sehen die Fernstudierenden das Potenzial dieser Einbindung noch deutlicher gegeben. Auch damit drücken die Befragten eine positive Erwartungshaltung gegenüber multimedialen Inhalten im Studienmaterial aus. Das Fehlen einer deutlichen Präferenz kann für die Erstellung eines Konzepts auch einen größeren Handlungsspielraum bedeuten. Welche multimedialen Wege bei der Gestaltung des Studienmaterials gewählt werden, hängt zudem von den verfolgten Lernzielen und der Thematik des Bildungsangebots ab.

Bewertung medialer Kommunikationswege

Die Befragung ergab darüber hinaus, dass die Befragten medienvermittelte Kommunikation in einem Fernstudium als wichtig erachten. Die Ergebnisse deuteten darauf hin, dass die Teilnehmer der Befragung diese Wege auch in einem iPad-Fernstudium erwarten und nutzen würden. Dabei wird der Kontakt per E-Mail (einem Hauptkontaktweg an der APOLLON Hochschule) mit 84,8 % für am wichtigsten gehalten. Im Vergleich dazu wird die Kommunikation über ein Messenger-System mehrheitlich unentschieden, also schlechter, bewertet. Man könnte hier wiederum die oben genannte Einflussgröße vermuten, dass die im Fernstudium an der Hochschule verwendeten Kommunikationswege zu einem Gewöhnungseffekt geführt haben, der die Bewertung der Fernstudierenden beeinflusst. Interessanterweise wurden die Kontaktwege trotz der empfundenen Wichtigkeit nicht so häufig verwendet (z. B. E-Mail von 48,7 % der Befragten nur einmal pro Monat). Zusammenfassend kann man daher bezüglich des Kommunikationsaspektes vermuten, dass die Studierenden sich den Erfordernissen des Fernstudiengangs angepasst haben und ihr Kontaktverhalten nach Nützlichkeitsaspekten gestalten.

Wenn die didaktische Gestaltung eines Fernstudienkonzepts hier andere Schwerpunkte setzen würde, könnten sich die Nutzungsgewohnheiten evtl. entsprechend ändern. Voraussetzung hierfür wäre aber, dass Kommunikationsprozesse im Curriculum ebenfalls priorisiert und damit unterstützt werden. Die geäußerten Kontaktpräferenzen können mit Ausnahme von der Face-to-Face-Kommunikation und dem Telefon auch in einem iPad-Fernstudienkonzept verwirklicht werden. Abgesehen von den untersuchten Kontaktmöglichkeiten gibt es in einem weiterzuentwickelnden Fernstudienkonzept vermutlich noch weitere Kommunikationskanäle, die einbezogen werden können. Gerade der Bereich Social Media, der von 39,6 % der Fernstudierenden für „wichtig“ oder „sehr wichtig“ gehalten wird, könnte eine wachsende Bedeutung haben, wenn er didaktisch integriert wäre.

Diese Bewertungen der Befragten zeigen eine deutlich positive Tendenz in Bezug auf die verschiedenen Aspekte der Integration multimedialer Elemente. Zusammengenommen lassen die Ergebnisse dieser Items darauf schließen, dass die Hypothese, Fernstudierende würden multimediale Elemente in ihrem Fernstudium und in den Studienmaterialien erwarten, zutrifft. Sie belegen aber zusätzlich das gedruckte Studienmaterial mit einer sehr hohen Wichtigkeit, sodass dieses Element in einem iPad-Fernstudienkonzept nicht fehlen sollte – zumindest gegenwärtig nicht.

5.1.2 Bewertungen zur Untersuchung der Hypothesen 2.1 und 2.2

Diese Hypothesen sollten untersuchen, ob ein iPad-Fernstudium für Fernstudierende ein attraktives Konzept darstellt.

> Hypothese 2.1: Die Integration eines iPads in das Konzept eines Fernstudienangebots steigert die Attraktivität des Angebots aus Sicht der Studierenden.

Auch diese Hypothese wurde im Hinblick auf verschiedene Parameter untersucht.

Generelle Bewertung der Attraktivität

Zunächst wurde die Frage direkt untersucht. 49,1 % der Befragten bewerteten die Aussage, dass die Attraktivität eines Fernstudienangebots durch das iPad erhöht wird, als zutreffend. Damit hat die Idee eines derartigen Konzepts bereits eine breite positiv eingestellte Basis unter den derzeit an der Hochschule Studierenden. In einem nächsten Schritt wurden die Fernstudierenden gebeten, sich zwischen einem iPad-Fernstudiengang und dem bisherigen Studienmodell zu entscheiden. Etwa ein Drittel der Befragten würde hier das Studienangebot mit dem Tablet-Computer wählen.

Einfluss der Vertrautheit mit dem iPad

Beide vorangegangenen Aspekte werden jedoch aussagekräftig, wenn sie zu der Frage, wie vertraut die Befragten mit dem iPad oder verwandten Geräten sind, in Beziehung gesetzt werden. 62,5 % der Studierenden, die bereits mit diesen Geräten vertraut sind, halten die Erhöhung der Attraktivität eines Fernstudiengangs durch das iPad für mindestens zutreffend. Auch in Bezug auf die Entscheidung für ein Studiengangskonzept weist die Gruppe der iPad-Kenner eine deutlich größere Präferenz zu dem iPad-Fernstudienkonzept auf als die Vergleichsgruppe, die sich als nicht vertraut mit dem iPad bezeichnet. Damit wird deutlich, dass es einen Unterschied für die Bewertung macht, ob die Befragten das iPad und sein Potenzial kennen oder nicht. Optimistisch betrachtet könnte das heißen, dass Studierende sich von einem iPad-Einsatz im Studium begeistern ließen, da sie dessen Nützlichkeit im Verlauf kennenlernen. Wenn man ferner davon ausgeht, dass die Vertrautheit mit Tablet-Computern durch die sich abzeichnende Verbreitung dieser Geräte weiterhin zunimmt, so liegt der Schluss nahe, dass auch die Anzahl derer steigen würde, die einen iPad-Fernstudiengang als attraktiv beurteilen.

Kombination von Studienmodellen

Eine offene Frage lieferte Hinweise, die für eine Gestaltung des Fernunterrichtskonzepts von Interesse sein können. Bei der Frage nach einem bevorzugten Studienmodell wurde von ca. einem Drittel der Teilnehmer und Teilnehmerinnen eine Kombination des bisherigen Fernstudienkonzepts an der Hochschule (Einsatz gedruckter Studienhefte) mit dem iPad gewünscht. Es wäre zu überlegen, mehrere Konzepte gleichzeitig anzubieten oder den iPad-

Fernstudiengang um die gedruckten Studienmaterialien zu ergänzen, um die verschiedenen Präferenzen und Lerngewohnheiten zu berücksichtigen.

Modernität und Mobilität

Einige ergänzende Fragen wurden im Hinblick auf Einzelaspekte ausgewertet. Die Befragten beurteilen ein iPad-Fernstudienkonzept mehrheitlich als modern und mobil. Da Mobilität ein wichtiges Thema im Fernunterrichtsbereich darstellt, ist diese positive Einschätzung ein Faktor, den man z. B. in der Außendarstellung eines iPad-gestützten Fernunterrichtsangebots erfolgreich einsetzen könnte. Auch der Aspekt der Modernität kann für eine Darstellung des Studiengangs genutzt werden. Diese beiden Gesichtspunkte tragen zum Ausmaß der Attraktivität bei, die die Befragten einem solchen Fernstudienangebot beimessen würden. Es müsste in einer Folgebefragung konkretisiert werden, wie diese Faktoren im Vergleich zu anderen Faktoren in der Gesamtbewertung eines Bildungsangebots gewichtet werden.

Zusammenfassend lässt sich sagen, dass viele der Befragten ein solches Studienangebot für attraktiv halten. Es finden sich hier auch viele Antworten, die das bisherige Studienmodell in seinen unterschiedlichen Ausprägungen präferieren. Das ist angesichts der Tatsache, dass die meisten der Befragten das iPad nicht kannten und gleichzeitig mit dem auf Studienhefte ausgelegten Fernstudium an der APOLLON Hochschule sehr vertraut sind, nicht erstaunlich. Auf jeden Fall hat die Konzeption eines solchen Angebots Potenzial, wenn man die genannten Befragungsergebnisse zugrunde legt.

Mithilfe der Hypothese 2.2 sollte ein weiterer Indikator für die Attraktivität untersucht werden.

> Hypothese 2.2: Studierende sind bereit, für ein Fernstudienangebot mit einem iPad einen höheren Preis zu bezahlen.

Direkt danach befragt, antwortete rund ein Viertel der Befragten, sie würden für ein Fernstudium, das ein iPad umfasst, mehr Geld bezahlen. Das ist, gemessen an der Tatsache, dass sich nur 13,5 % als „vertraut“ oder „sehr vertraut“ mit dem iPad bezeichneten (vgl. Kap. 4.2.3), ein relativ hoher Anteil. Wenn man – wie angedacht – versucht, die monetäre Bewertung des Angebots durch die Fernstudierenden in Relation zu dem Grad der Attraktivität eines derartigen Bildungsangebots zu setzen, stößt man auf Schwierigkeiten. Die im offenen Teil der Frage gegebenen Antworten nach dem Betrag, den die Befragten mehr ausgeben würden, sind zu differenziert, als dass sie eine aussagekräftige Grundlage für die Bewertung der Attraktivität des Studienangebots wären. Hier hätte ein anderer Fragetyp, der den Befragten klare Kategorien offeriert, zu besseren Ergebnissen geführt. Auch dieser Aspekt müsste ggf. im Rahmen von Folgebefragungen spezifiziert werden, wobei man die Ergebnisse der offenen Fragen zur Gestaltung verschiedener Preismodelle nutzen könnte.

Die Prüfung beider Hypothesen liefert aber genug Anhaltspunkte, die die Attraktivität des iPad-Fernstudienkonzepts für Fernstudierende bestätigen. Dies gilt zwar nicht für alle Studierenden, aber es existiert ein deutliches Potenzial für ein solches Angebot.

5.1.3 Bewertungen zur Untersuchung der Hypothese 3

Mit der Überprüfung der letzten Hypothese sollte der Aspekt der Einführung und Begleitung eines iPad-Fernstudiengangs untersucht werden.

> Hypothese 3: Studierende erwarten in einem Fernstudium mit integriertem iPad eine Schulung in Bezug auf die Nutzung.

Diese Hypothese lässt sich für die Mehrheit der Teilnehmerinnen und Teilnehmer bestätigen: Ein Anteil von 69,3 % der Befragten spricht sich generell für eine Schulung sowie für Supportleistungen im Hinblick auf die Nutzung des iPads aus. Interessant ist dabei die Tatsache, dass bei der Auswahl der Art dieser Schulung das Präsenzseminar den niedrigsten Zuspruch erhielt. Die Befragten wünschten sich mehrheitlich Schulungsarten, die keine Präsenz erfordern (Online-Seminare, Videos oder eine Textanleitung). Für Studierende in einem Fernstudium ist Zeit ein kostbarer Faktor. Wenn Fernunterrichtsanbieter sich für ein Schulungsmodell entscheiden wollen wie von der Mehrheit der Studierenden gewünscht, könnten sie sich entweder einer der genannten medialen Schulungsarten bedienen oder, wie von den Befragten im Rahmen der offenen Fragen vorgeschlagen, die Schulung mit einem einführenden Seminar verbinden, sofern das Curriculum dies zulässt. Das hätte z. B. den Vorteil, dass erste Anfangsschwierigkeiten in der Bedienung ad hoc behoben werden könnten und dass man die Gelegenheit auch für die ggf. erforderliche Distribution der Geräte nutzen könnte.

Als Schulungsinhalte sind alle in der Befragung genannten Optionen interessant für die Befragten. Daher könnte man eine Einführung in das iPad mit folgenden Schwerpunkten gestalten: Einführung in die Bedienung, Textbearbeitung, Kommunikation und Recherche.

Die Einführung in das iPad sollte auf jeden Fall, wie auch in den Antworten auf die offene Frage enthalten, den konkreten Nutzen des iPads für das Fernstudium verdeutlichen, damit die Studierenden einen guten Einstieg finden. Wie diese Einführung organisatorisch eingebunden wird, ist abhängig von den curricularen Strukturen der jeweiligen Bildungsanbieter. Allerdings könnte es sich als hilfreich erweisen, die Fernstudierenden gerade in der ersten Zeit des Studiums mit dem iPad durch Supportleistungen so zu unterstützen, dass sie das Gerät optimal einsetzen können.

5.2 Empfehlungen für die Integration des iPads in das Fernstudium vor dem Hintergrund der Studierendenbefragung

Wenn man unter Berücksichtigung der Befragungsergebnisse Empfehlungen für eine konzeptionelle und organisatorische Einbindung des iPads in das Fernstudium aussprechen möchte, sollte man berücksichtigen, dass mehrere Varianten eines Einsatzes von iPads im Fernunterricht denkbar sind.

Aus den oben dargestellten Ergebnissen und einigen Einzelfragen der Untersuchung lassen sich folgende generelle Empfehlungen für die Gestaltung eines iPad-Fernstudienkonzepts ableiten: Die befragten Hochschulstudierenden weisen eine große Bandbreite in Bezug auf die Vertrautheit mit Tablet-Computern auf. Dieser Faktor wird sich in der nächsten Zeit vermutlich verändern und ist vermutlich auch abhängig von der inhaltlichen Ausrichtung eines Fernstudienangebots. Um die Ergebnisse übertragen zu können, sollte auch die Art des Fernstudienangebots ähnlich sein. Um die spezifischen Bedingungen einzelner Fernunterrichtsanbieter berücksichtigen zu können, empfiehlt sich zusätzlich die Durchführung eigener Untersuchungen. Dennoch können die Befragungsergebnisse einige wichtige Tendenzen aufzeigen.

Gestaltung des Studienmaterials und des Curriculums

- Multimediale Gestaltung des Studienmaterials: Die befragten Fernstudierenden wünschten sich in der Befragung mehrheitlich eine multimediale Gestaltung ihrer Lernmaterialien. Das E-Book-Format lässt, wie in Kapitel 3.6.1 erläutert, die Einbindung verschiedener Formate zu. Ganz konkret sollten Studienhefte im EPUB-Format zur Verfügung stehen, damit das volle Potenzial des iPads genutzt werden kann und die Studienmaterialien gleichzeitig auf anderen Geräten lesbar sind. Bei der Konzeption oder Umgestaltung sollte außerdem auf Aspekte der Aktualisierbarkeit geachtet werden, um die Studienmaterialien leicht auf dem neuesten Stand halten zu können.
- Kontaktwege fest im Curriculum verankern: Bei der Wahl der Kontaktwege könnten zusätzlich zu den bestehenden neue Möglichkeiten der Tablet-Computer ausgenutzt werden, um eine lebhafte Kommunikation im Fernstudium zu unterstützen. Um dies zu erreichen und kollaborative Lernprozesse anzuregen, sollte es zudem innerhalb des Studienmaterials Verknüpfungen zu Kommunikationsmöglichkeiten geben.

Organisatorische Aspekte

- Einbindung bestehender Lernmanagementsysteme: Zusammengenommen wünschen sich 78,4 % aller Befragten eine Anbindung an die Lernplattform der Hochschule. Verallgemeinert bedeutet das, dass eine Lerninfrastruktur genutzt werden sollte, sofern sie bereits existiert. Die Fernunterrichtsanbieter könnten bei Fehlen einer geeigneten Infrastruktur auch die Entwicklung einer eigenen Applikation überdenken, die konzeptionell den kompletten Kurs umfassen könnte. Der Funktionsumfang ist abhängig von der Ausrichtung des Bildungsangebots. Folgende Funktionen könnten sinnvolle Bestandteile sein:
  - Zugriff auf die Lernmaterialien
  - kollaborative Bereiche (z. B. Mediawikis, Diskussionsforen)
  - Kontaktmöglichkeiten zu Lehrenden und anderen Studierenden
  - Übungsmöglichkeiten
  - Kombination von Studienmaterial und Apps/Übungen

- Organisatorische Einbindung des iPads: Eine Mehrheit (56,6 %) der Studierenden befürwortet das Bereitstellen der Studienmaterialien auf dem iPad. Zu klären sind organisatorische Fragen, z. B. Distributionsmodelle zur Verteilung des iPads.
- Schulungskonzept: Die Befragten äußerten ein deutliches Bedürfnis nach Einführung und Support in Bezug auf die Bedienung des iPads. Dabei sollten die Schulungen so eingebunden werden, dass sie keine große zusätzliche zeitliche Belastung für die Studierenden bedeuten. Da die Vertrautheit mit dem Gerät einen Einfluss auf die Beurteilung des Fernstudienkonzepts und damit auf dessen langfristige Akzeptanz hat, sollten Fernunterrichtsanbieter auf die Einführung großen Wert legen.
- Studienmodell-Kombinationen erlauben: Die Antworten der Fernstudierenden auf ihr bevorzugtes Studienmodell wiesen darauf hin, dass es unterschiedliche Präferenzen unter den Befragten gab. Gewünscht wurde z. B. eine Kombination des iPad-Fernstudienmodells mit gedruckten Studienmaterialien. Unter Umständen lassen sich Wahlmöglichkeiten in Bezug auf unterschiedliche Studienmodelle realisieren, z. B. das Hinzubuchen von gedrucktem Studienmaterial, sodass unterschiedliche Präferenzen bedacht werden könnten.
- Preisgestaltung: Die Befragung ergab, dass ein Viertel der Fernstudierenden für eine Einbindung des iPads eine Erhöhung der Studiengebühren in Kauf nehmen würden. Das impliziert eine Chance, das Gerät in die Finanzierung des Bildungsangebots mit aufzunehmen.

Grundsätzlich ist zu überlegen, ob es Bereiche gibt, in denen das iPad oder ähnliche Tablet-Computer auch thematisch passend zu den Lerninhalten in ein Fernstudienangebot einbezogen werden können. Ein gutes Beispiel wäre ein Fernunterrichtsangebot zum Thema Social-Media-Management, da das iPad gerade im Bereich der Social Media eine Vielfalt an Apps bietet, die die Fernlernenden auch inhaltlich für das Fernstudium nutzen könnten.

Abschließend lässt sich sagen, dass die Befragung in Bezug auf einige Aspekte der Einbindung des iPads in das Fernstudienkonzept der Hochschule wertvolle Anregungen und Hinweise zur Gestaltung geben konnte. Eine

Übertragbarkeit auf andere Fernunterrichtsangebote kann, wie einleitend bemerkt, gegeben sein, sollte aber ggf. durch eigene Untersuchungen bestätigt werden. Im nächsten Kapitel folgen Empfehlungen, die sich im Hinblick auf das didaktische Konzept einer solchen Integration aus den Erfahrungen im Fernlernen ableiten lassen.

5.3 Empfehlungen für die didaktische Konzeption

Die didaktische Konzeption eines iPad-umfassenden Fernstudienangebots muss einerseits auf die spezifische Situation im Fernlernen zugeschnitten sein, kann sich aber auf der anderen Seite an bereits entwickelten didaktischen Konzepten und Erfahrungen orientieren.

In diesem Kapitel erfolgt eine Zusammenfassung der didaktischen Aspekte aus den oben behandelten Bereichen Mobile Learning, Fernunterrichtsdidaktik (speziell transaktionale Distanz), Kompetenzförderung und Nachhaltigkeit von mediendidaktischen Innovationen. Diese werden im Hinblick auf ihren Einsatz in einem iPad-Fernlernangebot zusammengefasst.

5.3.1 Empfehlungen vor dem Hintergrund von Mobile-Learning-Erfahrungen

Das iPad und verwandte Kommunikationsgeräte bringen jene Eigenschaften mit, die für Mobile-Learning-Konzepte notwendig sind. Sie sind portabel, intuitiv zu verwenden und bieten über den Zugang zu Handynetzwerken einen nahezu ubiquitären Zugang zum Internet.

Die Erfahrungen mit Bildungskonzepten im Bereich Mobile Learning lassen sich für die Integration eines iPads in das Fernstudium nutzen z. B. bei der Umsetzung von Lerninhalten. Es ist für ein mobiles Lernen hilfreich, die Inhalte zu sequenzieren und kurze Einheiten zur Ergänzung des Lernmaterials anzubieten, z. B. Schnelltests zum Überprüfen des Gelernten (vgl. Ally, 2009, S. 239). Eine weitere Erkenntnis aus dem Mobile Learning ist es, den lernergesteuerten Abruf von Materialien anzubieten, um den Lernenden ein den individuellen Bedürfnissen angepasstes Lerntempo zu ermöglichen. Auch sollte die tutorielle Betreuung im Hinblick auf möglichst kurze Reaktionszeiten optimiert werden, um den Lernprozess zeitnah unterstützen zu können.

Auch aus der Umsetzung von Grobzielen im Mobile Learning gibt es Erfahrungswerte, die sich für ein Bildungskonzept nutzen lassen. Ein Bildungsangebot verfolgt in der Regel als Ziel die Verwirklichung von Kompetenzentwicklung. Ideen, wie in einer Mobile-Learning-Umgebung wichtige Kompetenzen auch über die Distanz gebildet werden, konnten in einigen Mobile-Learning-Projekten an Hochschulen entwickelten werden (vgl. Krüger et al., 2003, S. 320 f.). Anhand einiger prägnanter Beispiele der Förderung von Sozial- und Fachkompetenz lässt sich aufzeigen, welche Chancen das iPad oder andere Tablet-Computer im Fernlernprozess bieten.

Zur Förderung der *sozialen Kompetenz* bieten sich verschiedene Arten kollaborativer Lernformen an. Die Organisation einer Gruppenarbeit über das Internet erfordert ein hohes Maß an Sozial- und Kommunikationskompetenz, um das angestrebte Ziel kooperativ zu erreichen. Mithilfe von Programmen wie „MediaWiki" (http://www.mediawiki.org/) können Fernstudierende z. B. eigene Glossare erstellen und in Projekten weiterentwickeln. Zur Organisation anderer Gruppenprojekte existiert eine Vielzahl von Werkzeugen, die einen kooperativen Arbeitsstil unterstützen können. Diese sind auf dem iPad häufig als App verwendbar und bieten z. B. Zugriff auf gemeinsam erstellte Dateien oder lassen sich für eine gruppeninterne Kommunikation verwenden. Diese Art der Zusammenarbeit, die erfolgreiche Kooperation über die Entfernung hinweg, fördert die Sozialkompetenz in einem Bereich, der auch in der Arbeitswelt immer wichtiger wird. Für ein iPad-gestütztes Fernunterrichtsmodell in der beruflichen Weiterbildung ist es daher empfehlenswert, kollaborative Anteile in das Curriculum zu integrieren. Damit wird je nach Lernziel ggf. auch die Methodenkompetenz gefördert.

Die *Fachkompetenz* kann durch das iPad auf verschiedene Weise gestützt werden: Das iPad erlaubt neben den vom Anbieter zur Verfügung gestellten Studienmaterialien die Einbindung von Ressourcen, die sich die Fernstudierenden selbst zusammenstellen können. In der Gesundheitsökonomie sind das z. B. Apps aus der Gesundheitsbranche, die den Studierenden die Möglichkeit bieten, sich über neue Entwicklungen zu informieren. Mithilfe der Applikation „Flipboard" können Fernstudierende sich Meldungen verschiedener Medien zusammenstellen oder auch branchenspezifischen Blog- und Twittereinträgen folgen. Damit können sie sich eine eigene Informationsbasis schaffen, mit deren Hilfe sie sich über fachspezifische Entwicklungen auf dem Laufenden halten. Abhängig von der thematischen Ausrichtung des Bildungsangebots sollte man das Angebot an Informationen untersuchen und die Studierenden auffordern, sich mithilfe von Apps über den aktuellen Stand eines Wissensgebiets zu informieren. Fachkompetenz zu vermitteln, wird aber auch in einem Lernarrangement *mit* Einbeziehung des iPads Aufgabe der Lernmaterialien sein. Hier können Medien integriert werden, um ein höheres Maß an Anschaulichkeit und damit an Kompetenz zu erreichen. Eine anatomische Darstellung via Video in einem medizinisch ausgerichteten Bildungsangebot kann den Lernenden beispielsweise ein genaueres Bild vermitteln als eine textliche Beschreibung oder eine zweidimensionale Abbildung in einem Studienheft es vermögen.

Zusätzlich zu den genannten Kompetenzbereichen wurde die regelmäßige Reflexion des Erlernten als kompetenzförderlich eingeschätzt (vgl. Kap. 2.1). Mithilfe von Web-2.0-Werkzeugen kann diese Art der Kompetenzförderung umgesetzt werden. So können die Lernenden z. B. Blogs nutzen, um unterstützt von tutorieller Begleitung ihren Lernfortschritt zu bewerten und zu reflektieren.

Mobile Learning ist ein Konzept, das von Anfang an bestehende Ideen oder Infrastrukturen kombiniert hat, um Lernziele zu erreichen. Diese Offenheit, vorhandene Funktionen im Hinblick auf ihre Verwendbarkeit in einem didaktischen Prozess zu prüfen, ist ein Vorteil, der vor dem Hintergrund der rasanten Entwicklung von Apps an Bedeutung gewinnt. Das didaktische Konzept im Fernunterricht sollte daher Freiraum bieten, um die Vorzüge dieser wachsenden Infrastruktur im Sinne des Lernprozesses nutzen zu können.

5.3.2 Verringerung der transaktionalen Distanz

Die spezifische Situation jedes Fernstudienangebots beinhaltet die örtliche Entfernung zwischen Lehrenden und Lernenden. Um den Lernprozess in einem iPad-gestützten Fernstudium zu fördern, sollte diese transaktionale Distanz, die psychologische Trennung zwischen den beiden Prozessbeteiligten, verringert werden. Das betrifft die Gestaltung des Curriculums genauso wie die Kommunikation zwischen den Beteiligten. Das iPad unterstützt viele Möglichkeiten der Kommunikation, Zusammenarbeit und Vernetzung, die sowohl im Curriculum als auch im Kommunikationskonzept Verwendung finden könnten. Einige interessante Ideen zur Verringerung der Distanz sind im Folgenden aufgeführt:

- Integration von personalisierten Anteilen in das Curriculum, z. B. Videoanleitung durch den Autor, Podcasts durch den Lehrenden
- synchrone und asynchrone Kommunikationsformen, z. B. virtuelle Seminare, Messenger-Programme, E-Mail, Foren etc., ermöglichen einen lebhaften Online-Austausch flankiert von Präsenzphasen zum Kennenlernen und Vernetzen
- Tools zur Unterstützung kollaborativer Lernformen, z. B. Dokumenten-Sharing und Lernwikis, in denen die Lernenden gemeinsam an der Darstellung eines Lernfelds arbeiten können
- darstellende Formen im Internet, in denen das Gelernte reflektiert und diskutiert werden kann (Lernblogs)
- Entwicklung eines Erreichbarkeitskonzepts innerhalb der tutoriellen Betreuung

Zur Erleichterung dieser spezifischen Umsetzung von Kollaboration und Kommunikation, die ja auch im Mobile Learning gewinnbringend eingesetzt werden, sollte darauf geachtet werden, auch die Rolle der Lernenden zu verändern. Je mehr partizipative Gestaltungsmöglichkeiten die Fernstudierenden haben, desto größer ist ihre emotionale Beteiligung – sie sind damit näher am Prozess. Unterstützend sollte jede Möglichkeit einer persönlichen Darstellung genutzt werden, um die Distanz zwischen den am Lernprozess Beteiligten z. B. mithilfe optischer Informationen (Einsatz von Webcams bei virtuellen Klassenzimmern, persönliche Profile) zu verringern.

Zusammenfassend kann gesagt werden, dass auch in einem iPad-gestützten Fernunterrichtsmodell alle Maßnahmen für eine Lernprozessunterstützung förderlich sind, die die Ferne im Fernunterricht geringer werden lassen und die emotionale Beteiligung der Fernstudierenden und damit den Lernerfolg erhöhen.

5.3.3 Nachhaltigkeitsaspekte

Bei der Entwicklung eines iPad-Fernstudienkonzepts sollte von Anfang an auf die Beachtung von Nachhaltigkeitskriterien großer Wert gelegt werden, um ein langfristig einsetzbares wirksames Angebot zu entwickeln. Die didaktische Gestaltung des Bildungsangebots und die Infrastruktur des Bildungsanbieters sollten im Hinblick auf notwendige Neuerungen untersucht und ggf. modifiziert werden. Dazu gehören folgende wichtige Aspekte:

- Bei einer derartigen Neustrukturierung hat ein Bildungsanbieter die Chance, bestehende Lerninhalte und -methoden zu überdenken und zu reformieren. Ein veränderter Lernprozess bietet die Möglichkeit, beim Lernen neue Wege zu gehen. Ergänzend zum bestehenden Curriculum oder als Ersatz einiger Elemente lassen sich z. B. freiere Formen der Recherche mit einbeziehen. Die Lernenden könnten, mit offenen Fragestellungen konfrontiert, sich eigene Recherchequellen suchen. Tablet-Computer bieten, wie beschrieben, in Bezug auf aktuelle Informationen interessante Apps an.
- Die Lerninfrastruktur sollte analysiert und ggf. verändert werden. Wenn bereits Online-Lernmanagementsysteme existieren, sollten diese auf die neuen Geräte angepasst werden. Um Nachhaltigkeit zu sichern, sollte dies möglichst plattformneutral geschehen.
- Das Betreuungskonzept der Maßnahme muss im Hinblick auf ggf. veränderte Lernprozesse angepasst werden. So ist z. B. für die Betreuung kollaborativer Online-Lernformen eine Fortbildung der Tutorinnen und Tutoren erforderlich, da sich die Arbeitsaufgaben der Lehrenden durch die Betreuung dieser neuen Lernformen verändern werden. Es kann sein, dass sich einige Prozesse aufwändiger gestalten, als aus herkömmlichen Lernformen bekannt (z. B. durch die Erwartung kürzerer Reaktionszeiten). Und auch die Erstellung der Studienmaterialien stellt durch die Multimedialität höhere Anforderungen an die Autoren.

Bei einer Umstellung von einem herkömmlichen Fernstudiengang mit Druckmedien auf die Integration multimedialer Inhalte sind mehrere Gesichtspunkte konzeptionell zu bedenken: Die mediendidaktische Konzeption und die nachhaltige Umsetzung stellen einen Mehraufwand im Vergleich zum

Druckmedium dar. Daher sollte bei der Umsetzung genau überlegt werden, welche Inhalte auch weiterhin in (digitalisierter) Textform und welche multimedial eingebunden werden.

Das Beachten von Nachhaltigkeitskriterien stellt hohe Anforderungen an die Konzeption und an die Organisation eines iPad-gestützten Bildungsangebots. Der Aufwand ist allerdings im Hinblick auf einen langfristigen Erfolg der Maßnahme gerechtfertigt.

5.3.4 Potenzial des E-Book-Formats: Ergänzung der Studienhefte um multimediale Möglichkeiten

Fernstudienmaterialien werden häufig im Printformat produziert und distribuiert. An der APOLLON Hochschule, deren Studierende im Rahmen dieser Arbeit befragt wurden, ist das Studienheft das wichtigste Medium zur Präsentation der Lerninhalte. Die Inhalte sind nach fernunterrichtsdidaktischen Kriterien strukturiert und aufbereitet. Dabei sollen die Lernenden zu einem aktiven Lesen, d. h. einer gedanklichen Auseinandersetzung mit dem Gelesenen, angeregt werden.

Analysiert man die bestehenden strukturellen Elemente (z. B. Einteilung in Kapitel, Merksätze, Reflexionsaufgaben, Glossar, Einsendeaufgabe) der Studienhefte, kommen vielfältige multimediale Möglichkeiten als Ergänzung infrage. Zu nennen sind hier:

- Kurzvorstellung des Autors: Diese könnte im E-Book als Video eingebunden werden. Dadurch wird den Lernenden ein noch nachhaltigerer Eindruck vom Autor und ggf. seiner Intentionen vermittelt.
- Quellen im Internet: Verlinkungen im Studienheft, die der Vertiefung spezifischer Aspekte dienen, würden im E-Book-Format einen direkten Zugriff auf die entsprechenden Quellen im Internet erlauben.
- Grafiken und Abbildungen: Animationen zur Darstellung von Abläufen und Videodarstellungen zu thematischen Schwerpunkten können eingebunden werden und den Grad der Anschaulichkeit vergrößern.
- Übungs- und Wiederholungsaufgaben: Diese können im E-Book-Format interaktiv gestaltet und durch Links in das Studienmaterial integriert werden.

- Weitere lernunterstützende Funktionen: Sie können ebenfalls durch Verlinkungen eingebunden werden und die Lernenden u. a. zu Kommunikationsplattformen führen, in denen sie kollaborativ an Arbeitsaufträgen arbeiten, oder auf ein Wiki verweisen, an dessen Erstellung die Lernenden mitwirken sollen.

Diese Liste lässt sich zweifelsohne durch neue Ideen oder Entwicklungen ergänzen. Deutlich ist aber, dass eine wesentliche Erweiterung der Studienhefte der Hochschule sich als durchaus realisierbar darstellt. Alle oder einige dieser Möglichkeiten treffen sicherlich für viele printmediale Studienhefte im Fernunterricht generell zu. Bei der Produktion von ergänzendem Material sollten jedoch auch oben erwähnte Nachhaltigkeitsaspekte Berücksichtigung finden. Da Medienproduktion im Vergleich zur Erstellung von Texten ein vergleichsweise aufwändiger Prozess ist, sollte man bei der Auswahl der Inhalte, die medial umgesetzt werden sollen, darauf achten, dass deren Aktualisierungsbedarf möglichst gering ist. Bei Einbindung von Internetquellen sollte man ebenfalls auf Nachhaltigkeit achten und aufgrund häufiger Änderungen der Adressen von Webseiten lieber auf eine generelle Seite verweisen als auf spezifische Unterseiten. Wichtig ist auch, das Lehrmaterial in unterschiedlichen Formaten auszugeben, damit es für die Nutzung auf verschiedenen Plattformen verwendet werden kann. Dafür kommen z. B. das PDF- und EPUB-Format infrage.

Die Befragungsergebnisse deuten auch darauf hin, dass Studienmaterialien weiterhin im Printformat erwartet werden. Diese Erwartungshaltung könnte z. B. abhängig von der thematischen Ausrichtung des Bildungsangebots sein. Da die Umstellung der Distribution weitgehende strukturelle und organisatorische Auswirkungen hat, sollte dieser Aspekt zur Vorbereitung eines solchen Angebots in einer weiteren Umfrage geklärt werden.

6 Schlussbetrachtung

Das Fernlernen ist eine beständige Größe in der Bildungslandschaft, die sich im Wachstum befindet. Diese Art der Bildungsvermittlung ist seit ihren Anfängen eng mit der medialen Entwicklung verbunden und immer wieder haben derartige Entwicklungen zwar nicht revolutionäre Umwälzungen zur Folge, aber doch einen erheblichen Einfluss auf die Konzeption und Umsetzung von Fernlernangeboten gehabt. Aktuell stellt das iPad eine für den Bereich des Fernlernens vielversprechende Innovation dar. Vor diesem Hintergrund wurde in dieser Arbeit analysiert, welche didaktischen und organisatorischen Rahmenbedingungen gegeben sein müssen, um eine sinnvolle Einbindung des iPads in ein Fernstudienangebot zu erreichen. Diese Forschungsfrage wurde mithilfe einer Befragung von Fernstudierenden, der Betrachtung von Erfahrungen aus dem Bereich des Mobile Learning sowie unter medien- und fernstudiendidaktischen Gesichtspunkten untersucht.

Die Befragung der Fernstudierenden ergab, dass es durchaus ein Interesse an einem iPad-gestützten Bildungsangebot gibt. Rund ein Drittel der Befragten beurteilte das iPad-Konzept als attraktivitätssteigernd für ein Fernstudienangebot und ein Viertel der Befragten würde einen höheren Preis dafür in Kauf nehmen. Die Fernstudierenden erwarten in einem solchen Konzept mediale Elemente, insbesondere in Ergänzung zu elektronischem Studienmaterial. Welche Ergänzungsvarianten aus Sicht der Befragten besonders sinnvoll wären, ließ sich aus den Ergebnissen dieser Befragung nicht ablesen und wäre ggf. ein wichtiger Aspekt einer Folgeuntersuchung. Die Arbeit hat weiterhin ergeben, dass das EPUB-Format für eine derartige multimediale Umsetzung sehr gute Voraussetzungen bietet. In diesem Zusammenhang besonders interessant war das Ergebnis der Befragung, dass das gedruckte Studienmaterial von nahezu allen Fernstudierenden als wichtig für den Lernerfolg bewertet wird. Von einem Verzicht auf gedruckte Studienmaterialien im Rahmen eines iPad-Konzepts ist demzufolge aus heutiger Sicht abzuraten. Eine bessere Alternative scheinen die von den Fernstudierenden vorgeschlagenen Kombinationsmodelle darzustellen. Die konkrete Gestaltung der Kombination von iPad und herkömmlichen Studienmaterialien sollte im Rahmen der Konzeptionierung ggf. durch eine erneute und spezifischere Befragung von Fernstudierenden konkretisiert werden.

Die Bewertungen verschiedener Aspekte des iPad-Fernstudienkonzepts innerhalb der Befragung wiesen eine gewisse Prägung durch die Erfahrungen der Studierenden im Fernstudium an der APOLLON Hochschule auf. Hier besteht, z. B. in Bezug auf geeignete Kommunikationswege weiterer Forschungsbedarf, um verlässliche Empfehlungen für ein iPad-Fernstudium aussprechen zu können. Die feste Verankerung und Priorisierung kommunikativer Prozesse im Curriculum wird allerdings durch die Ergebnisse sowohl der Befragung als auch der mediendidaktischen Überlegungen bestätigt und stellt im Rahmen dieser Arbeit eine zentrale Empfehlung für die Gestaltung eines iPad-Fernstudiengangs dar. Die Wichtigkeit interaktiver Prozesse wird z. B. durch Erfahrungen in Mobile-Learning-Projekten bestätigt, in denen kollaborative Arbeitsformen wirksam zur Förderung von Sozial- und Methodenkompetenz eingesetzt wurden. Das iPad hat gerade in diesem Bereich große Stärken und kann so den didaktischen Spielraum erweitern und damit zu einer Verringerung der transaktionalen Distanz im Fernlernen beitragen.

Erfahrungen aus dem Mobile Learning haben gezeigt, dass für mobile Lernprozesse ein portables internetfähiges Gerät erwartet und benötigt wird, das gleichzeitig multimediale Funktionen umfasst. Die Arbeit hat dargelegt, dass das iPad (stellvertretend für moderne Tablet-Computer) mit seinen Spezifikationen diese Anforderungen moderner mobiler Fernunterrichtskonzepte erfüllen kann. Allerdings erfordert die Einbindung des iPads in ein Fernstudienangebot die genaue Analyse existierender organisatorischer Rahmenbedingungen und ggf. eine Weiterentwicklung der Infrastruktur. Dies kann beispielsweise eine Anpassung der Kommunikations- und Lernplattform bedeuten, aber auch eine Neustrukturierung des Lernstoffs erfordern. Die Untersuchung von Nachhaltigkeitsaspekten ergab zudem, dass es für die Konzeption eines derartigen Bildungsangebots zentrale Faktoren gibt, die besonders zu berücksichtigen sind. Ein gut durchdachtes personelles Konzept zur Umsetzung der Maßnahme ist Voraussetzung für ihren Erfolg, denn durch die empfohlene Integration kollaborativer und interaktiver Elemente sind neue tutorielle Betreuungskonzepte notwendig. Bei der Anpassung oder Neuerstellung der Medien sollte insbesondere Wert auf eine professionelle mediendidaktische Konzeption gelegt werden, da die Medienproduktion einen aufwändigen Prozess darstellt.

Bei der Integration des iPads in ein Fernstudium sollte nicht der Fehler begangen werden, sich nur auf eine technologische Betrachtungsweise zu beschränken. Das mobile Lernen mit dem iPad erfordert neue didaktische Strategien und Betreuungskonzepte und bedeutet auch eine Veränderung der Lern- und Kommunikationsprozesse. Die aus dieser Arbeit hervorgegangenen Erkenntnisse und Erfahrungen sollten daher in einem iPad-Fernstudienkonzept Berücksichtigung finden.

Die Entwicklung der Verkaufszahlen von Tablet-Computern, insbesondere wenn man Smartphones mit berücksichtigt, lässt einen gewissen Veränderungsdruck erkennen: Unter den Studierenden nutzten zum Zeitpunkt der Befragung bereits ca. 8 % ein iPad bzw. einen anderen Tablet-Computer für ihr Fernstudium. Dieser Anteil wird bei einer gleichbleibenden Tendenz im Verkauf der Geräte weiter steigen. Kombiniert mit der wachsenden Zahl der Nutzer von Smartphones wird deutlich, dass es einen größer werdenden Personenkreis geben wird, der über die Möglichkeit verfügt, mobil zu lernen. Somit hat ein iPad-Fernstudienmodell mit seinen Anmutungen der Modernität und Mobilität momentan großes Potenzial, weiteres Interesse auf dem Gebiet der Fernunterrichtsangebote zu wecken. Das iPad stellt für diesen Bereich zwar keine Revolution dar, kann aber einmal mehr den konzeptionellen Gestaltungsspielraum des Fernlernens erweitern und bietet – unter Berücksichtigung didaktischer Erkenntnisse – ein breites Spektrum neuer Möglichkeiten, den Lernprozess zu unterstützen.

Anhang I

Abkürzungsverzeichnis

App	Applikationen
CBT	Computer Based Training
EPUB	Electronic Publication
MBA	Master of Business Administration
mw	Mittelwert
PC	Personal Computer
PDA	Personal Digital Assistant
WBT	Web Based Training
ZFU	Staatliche Zentralstelle für Fernunterricht

Literaturverzeichnis

Aaltonen, M.; Mannonen, P.; Nieminen, S.; Nieminen, M. (2011): *Usability and compatibility of e-book readers in an academic environment: A collaborative study.* In: IFLA Journal Vol. 37.1, S. 16–27.

Ally, M. (2009): *Mobile Learning. Transforming the delivery of education and training.* Edmonton: Athabasca University Press.

Apple.com (Hg.) (2011a): *Hat mehr drauf. Und weniger dran.* http://www.apple.com/de/ipad/features/ (16.08.2011).

Apple.com (Hg.) (2011b): *iPad – Technische Daten.* http://www.apple.com/de/ipad/specs/ (01.08.2011).

Apple.com (Hg.) (2011c): *Apple gibt Ergebnisse für das erste Quartal bekannt.* http://www.apple.com/de/pr/library/2011/01/18Apple-Reports-First-Quarter-Results.html (24.07.2011).

Behrends, S. (2003): *Ausstattung und Wohnsituation privater Haushalte. Einkommens- und Verbrauchsstichprobe 2003.* Presseexemplar. Wiesbaden: Statistisches Bundesamt. http://www.destatis.de/jetspeed/portal/cms/Sites/destatis/Internet/DE/Content/Publikationen/Fachveroeffentlichungen/WirtschaftsrechnungenZeitbudget/EinkommenVerbrauch/AusstattungWohnsituationprivaterHaushalte5632001039004,property=file.pdf (12.07.2011).

Biersdorfer, J. D. (2011): *iPad 2: The missing manual.* 2. Aufl., Beijing; Sebastopol, CA: O'Reilly Media.

Broßmann, M. (2011): *Wissensmanagement – State of the Art.* In: Broßmann, M. Mödinger, W. (Hg.): Praxisguide Wissensmanagement. Qualifizieren in Gegenwart und Zukunft. Planung, Umsetzung und Controlling in Unternehmen. 1. Aufl., Berlin: Springer, S. 53–174.

Chaparro, B.; Nguyen, B.; Phan, M.; Smith, A.; Teves, T. (2010): *Keyboard Performance: iPad versus Netbook.* Usability News. http://www.surl.org/usabilitynews/122/pdf/Usability%20News%20122%20-%20Chaparro.pdf (15.08.2011).

Ehlers, U.-D.; Adelsberger, H. H.; Teschler, S. (2009): *Reflexion im Netz. Auf dem Weg zur Employability im Studium.* In: Apostolopoulos, N. (Hg.): E-Learning 2009. Lernen im digitalen Zeitalter. Münster; New York; München; Berlin: Waxmann, S. 15–29.

Elias, T. (2011): *Universal Instructional Design Principles for Mobile Learning.* In: International Review of Research in Open and Distance Learning, Vol. 12.2, S. 144–156.

Ernst Klett Aktiengesellschaft (Hg.) (2011): *Klett Gruppe 2011*. Stuttgart: Ernst Klett Aktiengesellschaft. http://www.klett-gruppe.de/sixcms/media.php/35/Imagebroschüre Klett Gruppe 2011.pdf (15.07.2011).

Faccioni-Filho, M.; Klein, L. Z.; Franco-Neto, M. (2010): *M-learning tools on distance education. Overview and Case Study*. In: Education Engineering (EDUCON), 2010 IEEE, S. 677–683. http://www.ieec.uned.es/Investigacion/Educon2010/SearchTool/EDUCON 2010/papers/2010S04A03.pdf (16.04.2011).

Forum DistancE-Learning (Hg.) (2010): *Fernunterrichtsstatistik 2009*. Hamburg: Forum Distance Learning. http://www.forum-distance-learning.de/content/downloads/FU-Statistik/Ergebnisse%20FU_Statistik 2009/Fernunterrichtsstatistik_2009_neu.pdf (zuletzt aktualisiert am 21.09.2010) (17.04.2011).

Gregson, J.; Jordaan, D. (2009): *Exploring the challenges and opportunities of M-learning within an International Distance Education Programme*. In: Ally, M. (Hg.): Mobile Learning. Transforming the delivery of education and training. Edmonton: Athabasca University Press, S. 215–246.

Haas, E. (2007): *E-Books an der Bibliothek der Universität St. Gallen (HSG). Einbindung elektronischer Bücher in Bestand und Onlinekatalog*. Masterthesis. Universität Wien: Wien.

International Digital Publishing Forum (Hg.) (2011): *EPUB 3 Overview – Proposed Specification 23 May 2011*. http://idpf.org/epub/30/spec/epub30-overview.html#sec-multimedia (25.05.2011).

Internet World (2012): „*Wir sind am Anfang eines absoluten Boom-Marktes*." Ausgabe 05/2012, S. 19, München: Neue Mediengesellschaft Ulm mbh.

Johnson, J. L. (2003): *Distance education. The complete guide to design, delivery, and improvement*. New York: Teachers College Press.

Kerres, M. (2001): *Multimediale und telemediale Lernumgebungen. Konzeption und Entwicklung*. 2., vollständig überarbeitete Aufl., München: Oldenbourg.

Kerres, M.; Kalz, M.; Stratmann, J.; de Witt, C. (2004): *Didaktik der Notebook-Universität*. Münster: Waxmann (Medien in der Wissenschaft, 26). http://www.gbv.de/dms/goettingen/387108858.pdf (02.08.2011).

Kiriakova, M.; Okamoto, K. S.; Zubarev, M.; Gross, G. (2010): *Aiming at a Moving Target: Pilot Testing Ebook Readers in an Urban Academic Library*. In: Meckler (Hg.): Computers in Libraries, Vol. 30.2, S. 20–24.

Koh, T. S.; Lee, S. C. (2008): *BackPack.NET: Mobile Learning Places Singapore on the Global Map*. In: Koh, T. S.; Lee, S. C. (Hg.): Information communication technology in education. Singapore's ICT masterplans, 1997–2008. Singapore; Hackensack, N.J: World Scientific, S. 173–185.

Kroell, C.; Ebner, M. (2011): *Vom Overhead-Projektor zum iPad. Eine technische Übersicht.* In: L3T Lehrbuch für Lernen und Lehren mit Technologien. http://l3t.tugraz.at/index.php/LehrbuchEbner10/article/view/49/23 (15.05.2011).

Krüger, M.; Jobmann, K.; Kyamakya, K. (2003): *M-Learning im Notebook-Seminar.* In: Kerres, M., Voß, B. (Hg.): Digitaler Campus. Vom Medienprojekt zum nachhaltigen Medieneinsatz in der Hochschule. 1. Aufl., Münster: Waxmann, S. 315–325. http://projekte.l3s.uni-hannover.de/pub/bscw.cgi/d26987/mLearning%20im%20Notebook-Seminar.pdf (02.08.2011).

Kukulska-Hulme, A.; Traxler, J. (2005): *Mobile learning. A handbook for educators and trainers.* London u. a.: Routledge.

Lehmann, B.; Dieckmann, H. (2011): *Lehren und Lernen in parallelen Universen? Zum Verhältnis von Fernlehre und Online-Education.* In: Zawacki-Richter, O. (Hg.): E-Learning und Fernstudium an Hochschulen. Zeitschrift für e-learning lernkultur und bildungstechnologie. Innsbruck: Studienverlag, S. 33–47.

Loch, B.; Fisher, W. (2010): *Facilitating change: Tablet PC trials across two distance education focused universities.* In: Steel, C. H.; Keppell, M. J.; Gerbic, P.; Housego, S. (Hg.): Curriculum, technology & transformation for an unknown future. Proceedings ascilite Sydney 2010, S. 548–558. http://ascilite.org.au/conferences/sydney10/procs/Loch-full.pdf (24.03.2011).

Mason, R.; Rennie, F. (2008): *E-learning and social networking handbook. Resources for higher education.* New York: Routledge.

Moore, M. G. (2007a): *The theory of transactional distance.* In: Moore, M. G. (Hg.): Handbook of distance education. 2. Aufl., Mahwah, N. J: L. Erlbaum Associates, S. 89–105.

Moore, M. G. (Hg.) (2007b): *Handbook of distance education.* 2. Aufl., Mahwah, N. J: L. Erlbaum Associates.

Motiwalla, L.; Tello, S. (2000): *Distance Learning on the Internet: An exploratory study.* In: The Internet and Higher Education, Vol. 2.4, S. 253–264.

Ott, O. (2010): *Lösen E-Books bald herkömmliche Schulbücher ab?* http://www.swisseduc.ch/methodik_didaktik/ebooks/docs/factsheet_ebooks.pdf (25.04.2011).

Park, Y. (2011): *A Pedagogical Framework for Mobile Learning: Categorizing Educational Applications of Mobile Technologies into Four Types.* In: International Review of

Research in Open and Distance Learning, Vol. 12.2, S. 78–102. http://www.irrodl.org/index.php/irrodl/article/view/791 (16.04.2011).

Pätzold, H. (2006): *Schon wieder „anytime – anywhere"? Möglichkeiten und Grenzen mobilen Lernens in der Weiterbildung.* In: Arnold, R. (Hg.): ELearning-Didaktik. Baltmannsweiler: Schneider-Verl. Hohengehren, S. 75–90.

Peters, K. (2007): *m-Learning: Positioning educators for a mobile, connected future.* In: International Review of Research in Open and Distance Learning, Vol. 8.2. http://www.aupress.ca/books/120155/ebook/06_Mohamed_Ally_2009-Article6.pdf (23.04.2011).

Schulmeister, R. (2006): *ELearning: Einsichten und Aussichten.* München [u. a.]: Oldenbourg.

Seifert, L.; Gabor, S.; Wadewitz, F. (2010): *Das erste iPad geht nach Bayern.* Frankfurter Rundschau. http://www.fr-online.de/digital/das-erste-ipad-geht-nach-bayern/-/1472406/3021688/-/index.html (16.08.2011).

Sjurts, I. (2011): *Gabler Lexikon Medienwirtschaft.* Wiesbaden: Gabler.

SRH Riedlingen (2011): *iPad statt Hörsaal.* Heidelberg. http://www.fh-riedlingen.de/de/news-events/news/detail/news/2011/03/07/ipad-statt-hoersaal/ (09.08.2011).

Statistisches Bundesamt (2010): *Fachserie 11 Reihe 4.1 Studierende an Hochschulen im Wintersemester 2009/2010.* http://www.destatis.de/jetspeed/portal/cms/Sites/destatis/Internet/DE/Content/Publikationen/Fachveroeffentlichungen/Bildung ForschungKultur/Hochschulen/StudierendeHochschulenEndg2110410107004,property=file.pdf (zuletzt aktualisiert am 24.09.2010) (17.04.2011).

Stiftung Warentest (Hg.) (2011): *Ergebnisse Umfrage Fernunterricht: Weil Lernen Spaß macht.* http://www.test.de/themen/bildung-soziales/weiterbildung/meldung/Ergebnisse-Umfrage-Fernunterricht-Weil-Lernen-Spass-macht-4238161-4238163/ (16.08.2011).

Thuy, P.; Höllermann, P. (2011): *Trendstudie Fernstudium 2011.* Internationale Hochschule, Bad Honnef, Bonn. http://www.iubh-fernstudium.de/files/TrendstudieFernstudium2011_screen_quality.pdf (14.07.2011).

Universität St. Gallen (2010): *iPad und iPhone bereichern Lehre an Executive School der HSG.* http://www.mbf.unisg.ch/~/media/sitecore/content/Internet/UeberUns/HSGMediacorner/Medienmitteilungen/Medienmitteilungen/2010/Juli/iPad-iPhone-8Juli2010.ashx?fl=de (18.07.2011).

van Eimeren, B.; Frees, B. (2011): *Drei von vier Deutschen im Netz – ein Ende des digitalen Grabens in Sicht?* In: Media Perspektiven 7–8, S. 334–349. http://www.ard-zdf-online-studie.de/fileadmin/Online11/EimerenFrees.pdf (02.08.2011).

Wang, V. (2010): *E-Books erstellen aus Word und XML.* Heidelberg: Mitp/bhv.

Wang, V. (2011): *E-Books mit ePUB. Von Word zum E-Book mit XML.* 1. Aufl., Heidelberg u.a: mitp.

Weitz, R. R.; Wachsmuth, B.; Mirliss, D. (2006): *The Tablet PC For Faculty: A Pilot Project.* In: Educational Technology & Society, Vol. 9, S. 68–83. http://www.ifets.info/journals/9_2/6.pdf (16.04.2011).

Zawacki-Richter, O. (2011): *Geschichte des Fernunterrichts. Vom brieflichen Unterricht zum gemeinsamen Lernen im Web 2.0.* In: L3T Lehrbuch für Lernen und Lehren mit Technologien, S. 1–8. http://l3t.tugraz.at/index.php/LehrbuchEbner10/article/view/54 (18.04.2011).

Abbildungsverzeichnis

Tabellenverzeichnis

Register

Anhang II

Verwendeter Fragebogen

Liebe Studierende,

mit diesem Fragebogen möchten wir Ihre Meinung zum Thema **Medien im Fernstudium** erfahren. Als Fernhochschule ist die APOLLON Hochschule unter anderem am Potenzial der Einbindung mobiler Kommunikationsmedien in das Fernstudium sehr interessiert. Sie als Studierende sind mit Ihren Erwartungen und Wünschen sehr wichtig für eine Weiterentwicklung unseres Angebots. Wir möchten Sie daher um Ihre Einschätzung bitten.

Vielen Dank für Ihre Mithilfe!

1. Fragen zur Person

1.1 Alter

- o 18–25
- o 26–30
- o 31–40
- o 41–50
- o 51 und älter

1.2 Geschlecht

- o weiblich
- o männlich

1.3 Welches Studienangebot nutzen Sie an der Hochschule?

- o Hochschulzertifikatskurs
- o Bachelor-Studiengang
- o Master-Studiengang

1.4 Welchen Beruf üben Sie aus?

____

2. Wie vertraut sind Ihnen die folgenden Geräte, die Sie im Fernstudium nutzen könnten?

	vertraut	**nicht vertraut**	**Enthaltung**
2.1 Computer (PC oder Mac)	☐	☐	☐
2.2 Notebook	☐	☐	☐
2.3 Smartphone (mit Internet-Zugang)	☐	☐	☐
2.4 iPad	☐	☐	☐
2.5 anderer Tablet-PC (z. B. Samsung Galaxy)	☐	☐	☐
2.6 E-Book-Reader (z. B. Kindle)	☐	☐	☐
2.7 MP3-Player	☐	☐	☐
2.8 Sonstiges			

____

3. Welche/s dieser Geräte nutzen Sie für Ihr Fernstudium? (Mehrfachnennungen möglich)

3.1
- o Computer (PC oder Mac)
- o Notebook
- o Smartphone (mit Internet-Zugang)
- o iPad
- o anderer Tablet-PC
- o E-Book-Reader
- o MP3-Player

3.2
- o Sonstiges

____

3.3 Falls Sie für Ihr Fernstudium einen anderen Tablet-PC als das iPad benutzen, von welcher Marke ist dieser?

____

3.4 Falls Sie für Ihr Fernstudium einen E-Book-Reader benutzen, von welcher Marke ist dieser?

____

4. Für welche Tätigkeiten Ihres Fernstudiums verwenden Sie ein elektronisches Gerät? (Mehrfachnennungen möglich)

4.1
- o Studienmaterial lesen
- o Aufgaben innerhalb des Studiums bearbeiten
- o Haus- oder Abschlussarbeiten schreiben
- o Recherchieren
- o Lernen

4.2
- o Sonstiges

____

4.3 Schätzen Sie: Für wie viel Prozent Ihres Studiums nutzen Sie ein elektronisches Gerät?
- o 0–10
- o 11–20
- o 21–30
- o 31–40
- o 41–50
- o 51–60
- o 61–70
- o 71–80
- o 81–90
- o 91–100

5. An welchen Orten studieren Sie Ihr Studienmaterial? (Mehrfachnennungen möglich)

5.1
- o zu Hause
- o auf der Arbeit
- o unterwegs

5.2
- o Sonstiges

____

6. Stellen Sie sich vor, Sie könnten Ihr Fernstudium selbst zusammenstellen. Wie wichtig wären Ihnen folgende Medien in einem Fernstudienkonzept?

	wichtig	**unwichtig**	**Enthaltung**
6.1 gedrucktes Studienmaterial	☐	☐	☐
6.2 Studienmaterial in elektronischer Form (z. B. pdf- oder E-Book-Format)	☐	☐	☐
6.3 CD-ROMs mit Lernprogrammen	☐	☐	☐
6.4 webbasierte Lernprogramme	☐	☐	☐
6.5 Einbindung von Internetquellen	☐	☐	☐
6.6 Podcasts (Vorlesungen/Vorträge zum Anhören, z.B. auf dem MP3-Player)	☐	☐	☐
6.7 Online-Vorträge	☐	☐	☐
6.8 Lernvideos	☐	☐	☐

6.9 Sonstiges

____

7. Stellen Sie sich vor, Ihre Studienhefte würden Ihnen in elektronischer Form (z. B. als E-Book oder als pdf) vorliegen und durch mediale Elemente ergänzt werden. Wie beurteilen Sie die Integration der folgenden Elemente?

	wichtig	**unwichtig**	**Enthaltung**
7.1 Videoeinführung durch den Autor	☐	☐	☐
7.2 animierte Grafiken zur Veranschaulichung von Sachverhalten	☐	☐	☐
7.3 Verlinkungen zu interessanten Webseiten	☐	☐	☐
7.4 Tests oder Quizfragen zum Einüben von Gelerntem	☐	☐	☐
7.5 Lernvideos zum Stoff	☐	☐	☐

7.6 Haben Sie weitere Ideen für eine mediale Ergänzung?

____

8. Wie wichtig sind für Ihren Lernerfolg im Fernstudium folgende Faktoren?

	wichtig	unwichtig	Enthaltung
8.1 Lesen der Studienhefte	☐	☐	☐
8.2 Lernen für Prüfungen	☐	☐	☐
8.3 Ausarbeiten von Hausarbeiten, Fallaufgaben	☐	☐	☐
8.4 Ausarbeiten der Abschlussarbeit	☐	☐	☐
8.5 Lernhilfen auf dem Online-Campus	☐	☐	☐
8.6 Recherche im Internet	☐	☐	☐
8.7 Recherche in Bibliotheken	☐	☐	☐
8.8 Kontakt zu Mitstudierenden	☐	☐	☐
8.9 Kontakt zu Lehrenden	☐	☐	☐

8.10 Sonstiges

____

9. Wie wichtig ist Ihnen im Fernstudium der Kontakt zu folgenden Personengruppen?

	wichtig	unwichtig	Enthaltung
9.1 Mitstudierende	☐	☐	☐
9.2 Lehrende	☐	☐	☐
9.3 sonstige Hochschulangestellte (z. B. Studienservice)	☐	☐	☐

10. Wie wichtig sind Ihnen in Ihrem Fernstudium folgende Kontaktwege?

	wichtig	unwichtig	Enthaltung
10.1 direkter persönlicher Kontakt	☐	☐	☐
10.2 Kontakt über Foren	☐	☐	☐
10.3 Kontakt per E-Mail	☐	☐	☐
10.4 Kontakt über Messenger-Systeme, wie Skype, MSN etc.	☐	☐	☐
10.5 Kontakt per Telefon	☐	☐	☐
10.6 Kontakt über Social Media (z. B. Facebook, Studi-VZ, Xing)	☐	☐	☐

10.7 Sonstiges

____

11. Schätzen Sie: Wie häufig nutzen Sie diese Kontaktwege für Ihr Fernstudium?

	täglich	1-5 x die Woche	einmal monatlich	nie	Enthaltung
11.1 direkter persönlicher Kontakt	☐	☐	☐	☐	☐
11.2 Kontakt über Foren	☐	☐	☐	☐	☐
11.3 Kontakt per E-Mail	☐	☐	☐	☐	☐
11.4 Kontakt über Messenger-Systeme, wie z.B. Skype, MSN etc.	☐	☐	☐	☐	☐
11.5 Kontakt per Telefon	☐	☐	☐	☐	☐
11.6 Kontakt über Social Media (z. B. Facebook, Studi-VZ, Xing)	☐	☐	☐	☐	☐

Erläuterung zum iPad

Die nächsten Fragen haben eine mögliche Integration eines iPads in das Fernstudium zum Gegenstand. Da vermutlich noch nicht alle von Ihnen damit vertraut sind, hier eine kleine Erläuterung:

Ein iPad ist ein sogenannter Tablet-PC der Firma Apple, eine Art kleines Notebook ohne Tastatur mit Webcam. Man kann mit einem iPad sowohl Studienmaterialien lesen als auch Texte verfassen, mailen und im Internet surfen. Auch ein Drucker kann angeschlossen werden. In Texten enthaltene Links, Videos oder Animationen können direkt aufgerufen werden. Die Texteingabe im iPad erfolgt über den berührungsempfindlichen Bildschirm oder über eine extern angeschlossene Tastatur.

Es ist vorstellbar, dass das iPad im Fernstudium eingesetzt wird. Dann müsste es die Studienmaterialien in elektronischer Form geben, die auf diesem Gerät gelesen werden können.

Wie beurteilen Sie dieses Medium? Könnte es hilfreich sein? Nutzen Sie dieses oder ein ähnliches Gerät vielleicht bereits? Welche Vor- aber auch Nachteile sehen Sie? Wir würden uns sehr freuen, wenn Sie uns Ihre Meinung/Einschätzung mitteilen, auch dann, wenn Sie noch keine Erfahrungen mit diesem Gerät haben!

12. Stellen Sie sich vor, Ihr Studienangebot würde ein iPad enthalten. Wie beurteilen Sie folgende Möglichkeiten?

	gefällt mir				gefällt mir nicht	Enthaltung
12.1 Die Studienmaterialien stehen auf dem iPad bereits zur Verfügung.	☐	☐	☐	☐	☐	☐
12.2 Die Studienhefte werden medial (z. B. durch Textlinks, Animationen) ergänzt.	☐	☐	☐	☐	☐	☐
12.3 Sie können über das iPad auf den Online-Campus zugreifen.	☐	☐	☐	☐	☐	☐
12.4 Sie können über das iPad mit Tutoren und Mitstudierenden kommunizieren.	☐	☐	☐	☐	☐	☐

13. Wie beurteilen Sie folgende Aussagen?

	trifft zu				trifft nicht zu	Enthaltung
13.1 Eine Einbindung des iPads in das Studium würde ich begrüßen.	☐	☐	☐	☐	☐	☐
13.2 Das iPad erleichtert mir das Studium.	☐	☐	☐	☐	☐	☐
13.3 Das iPad ist leicht zu bedienen.	☐	☐	☐	☐	☐	☐
13.4 Das iPad wird das Studium nicht erleichtern.	☐	☐	☐	☐	☐	☐
13.5 Der Einsatz des iPads in einem Fernstudienangebot macht das Angebot attraktiver.	☐	☐	☐	☐	☐	☐

13.6 Ich kann mir vorstellen, das iPad auch beruflich zu nutzen.	☐	☐	☐	☐	☐	☐
13.7 Das Fernstudium wird sich durch den Einsatz des iPads verändern.	☐	☐	☐	☐	☐	☐

14. Welche Veränderungen würden Sie durch den Einsatz des iPads erwarten?

	trifft zu				trifft nicht zu	Enthaltung
14.1 Das iPad erleichtert mir die Organisation des Studiums.	☐	☐	☐	☐	☐	☐
14.2 Das iPad erlaubt mir, unabhängig vom Ort und unterwegs zu lernen.	☐	☐	☐	☐	☐	☐
14.3 Das Studium wird moderner.	☐	☐	☐	☐	☐	☐
14.4 Die Studieninhalte sind besser aufbereitet.	☐	☐	☐	☐	☐	☐
14.5 Das iPad erleichtert mir die Kommunikation im Studium.	☐	☐	☐	☐	☐	☐
14.6 Ich kann meine Studienaufgaben mit dem iPad lösen.	☐	☐	☐	☐	☐	☐
14.7 Die Studienzeit wird sich durch das iPad verkürzen.	☐	☐	☐	☐	☐	☐
14.8 Ich erwarte keine wesentlichen Veränderungen.	☐	☐	☐	☐	☐	☐
14.9 Sonstiges						

____

15. Für welches Studienangebot würden Sie sich entscheiden:

15.1

- o Das iPad-Studienmodell: Das Studienmaterial erhalten Sie nicht mehr in einer gedruckten Version, sondern nur noch im elektronischen Format. Der Preis umfasst bereits das iPad und die Studienmaterialien.
- o Das bisherige Studienmodell: Das Studienmaterial erhalten Sie im Versand in einer gedruckten Version.

15.2 Welches andere Modell könnten Sie sich vorstellen?

____

15.3 Welcher Grund/welche Gründe sind maßgeblich für Ihre Entscheidung?

____

15.4 Wären Sie bereit, für Ihr Studium einen höheren Preis zu zahlen, wenn ein iPad im Preis inbegriffen wäre?

- o ja
- o nein

15.5 Wenn ja, wie viel wären Sie bereit, mehr zu zahlen?

____

15.6 Wenn ein iPad ein Bestandteil in Ihrem Studium wäre, würden Sie sich eine Einführung in die Bedienung wünschen?

- o ja
- o nein
- o Enthaltung

15.7 Wenn ja (1): Welche Art der Einführung würden Sie sich von der Hochschule wünschen? (Mehrfachnennungen möglich)

- o ein Präsenz-Seminar
- o ein Online-Seminar
- o ein Video
- o ein Text-Dokument

15.8

- o Sonstiges

____

15.9 Wenn ja (2): Welche Inhalte sollte eine iPad-Schulung abdecken? (Mehrfachnennungen möglich)

- o Einführung in die Bedienung
- o Kommunizieren
- o Recherche nach Informationen
- o Texte bearbeiten

15.10

- o Sonstiges

____

16. Haben Sie weitere Anmerkungen zum Thema Medien im Fernstudium?

____

17. Wenn Sie Interesse an den Ergebnissen dieser Befragung haben, geben Sie hier Ihre E-Mail-Adresse an, dann werden wir Ihnen die Zusammenfassung zusenden.

17.1

____

17.2 Welche Anmerkungen haben Sie zu dem Fragebogen?

____

Vielen Dank für Ihre Mithilfe durch das Ausfüllen des Fragebogens!